W0221451

Norderney

Manfred Bätje/Ottmar Heinze

Norderney

Seebad mit Tradition

Ellert & Richter Verlag

Inhalt

6 Vom Schauspiel des Meeres: Faszination Norderney

18 Sand und nichts als Sand: Geburt einer Insel

22 Annäherung an die Insel: gestern und heute

30 Bevor die Gäste kamen: Insel der Fischer und Seefahrer

36 Eleganz und Exklusivität: das Seebad im Wandel der Zeiten

44 Spaß und Vergnügen am Meer: Badeszenen

58 Die weiße Stadt im Meer: zwischen Tradition und Moderne

76 Der Charme der Insel: im Ostteil Norderneys unterwegs

92 Insel-Notizen

96 Autor/Impressum/Bildnachweis/Literatur

Viele Menschen zieht es ans Meer. Ein halber Tag nur und man ist mit dem Flugzeug an den Traumstränden unter tropischer Sonne oder in wenigen Stunden an den Küsten und auf den Inseln des Mittelmeers. Mit dem Auto oder der Bahn sind in kurzer Zeit auch die Nord- und Ostseeküste erreicht. Besonders Ostfriesland mit seiner Nordseeküste gehört zu den attraktivsten deutschen Urlaubsregionen, die durch typische Küstenszenerie, frischen Wind, Strand und Wellenschlag begeistern.

Woher kommt die Faszination des Meeres, diese Lust auf Wasser, der viele Menschen erliegen und von der auch unsere heimischen Inselbäder und Küstenbadeorte profitieren? Der Göttinger Gelehrte Johann Christoph Lichtenberg (1742–1799), der selbst in den englischen Seebädern Margate und Deal „bis an den Hals in die See" ging und zu den Wegbereitern des Seebädergedankens in Deutschland gehört, merkte dazu an: „Der Anblick der Meereswogen, ihr Leuchten und das Rollen ihres Donners, der sich auch in den Sommermonathen zuweilen hören läßt, gegen welchen der hochgepriesene Rheinfall wohl bloßer Waschbecken-Tumult ist; die großen Phänomene der Ebbe und Fluth, deren Beobachtung immer beschäftiget ohne zu ermüden (...) – alles dieses, sage ich, wirkt auf den gefühlvollen Menschen mit einer Macht, mit der sich nichts in der Natur vergleichen läßt, als etwa der Anblick des gestirnten Himmels in einer heiteren Winternacht. Man muß kommen und sehen und hören."

Dies konnten und taten vor mehr als zweihundert Jahren zunächst nur wenige Privilegierte, heutzutage sind es dagegen Hunderttausende, für die Erholung mit einem Aufenthalt am Meer gleichzusetzen ist. Die Ostfriesischen Inseln werden im Jahr von etwa einer Million Urlaubern besucht, allein die Insel Norderney von mehr als 290 000 Kurgästen und Touristen.

Norderney – das ist mit annähernd 25,3 Quadratkilometern Fläche, einer Länge von 13,9 Kilometern und einer mittleren Breite von 1,5 Kilometern die zweitgrößte der Ostfriesischen Inseln, mit fast 6 000 Einwohnern die bevölkerungsreichste und mit mehr als 22 000 Urlauberbetten das größte Seebad an der niedersächsischen Küste. Im Sommer des Jahres 1800 offiziell eröffnet, ist es aber auch das älteste Seebad an der deutschen Nordseeküste.

Abstand vom Alltag, Erholung für Körper und Geist, Wellness und Beauty, sportliche Highlights, Badevergnügen, Spaß für die ganze Familie – dies bieten in ihren bunten Urlaubsprospekten alle ostfriesischen Inselbäder an. Was einen Urlaub auf Norderney aber so besonders macht, das ist die unmittelbare und einzigartige Verbindung zwischen Natur, Zivilisation und Kultur. Mehr als 200 Jahre Badeleben haben den Ort geprägt, offenbaren in den Fassaden der Gebäude, durch Denkmäler und geschichtliche Überreste das Lebensgefühl und den Zeitgeist vergangener Epochen. Norderney ist eine Komposition aus Tradition und Moderne auf engem Raum. Urbanität,

Baden in der auflaufenden Brandung ist mit das Schönste am Meer.

die man auf einer Nordseeinsel nicht vermutet. Hinter den historischen Fassaden verbergen sich ein zeitgemäßes Gastgewerbe, eine für jeden Geschmack vorhandene Gastronomie sowie vielfältige Einkaufsmöglichkeiten. Die „weiße Stadt im Meer" mit all ihren Möglichkeiten der Zerstreuung, des Genusses und des Vergnügens, dies vor der Kulisse elementarer, oft auch entfesselter und bedrohlicher Natur, macht den besonderen Reiz von Norderney aus. Für den aus dem Baltikum stammenden Schriftsteller Frank Thieß (1890–1977) sind es hingegen die Nähe und Unmittelbarkeit des Meeres, die auf Norderney überall zu verspüren sind: „Das Meer umringt es, umschlingt es, trägt es. Das Meer weht durch die Straßen, es spricht in den sternenhellen reinen Nächten, es wirft das Geleucht seiner frischen Morgen über die winzigen Gärten, es beherrscht sie auf eine königliche und große Art, daß man überall von ihm erfüllt und durchdrungen wird, als wäre man aus Glas."

Der Strand, aber auch eine kilometerlange Promenade, bilden den Übergangsbereich zwischen Land und Meer, von dem sich das „Schauspiel des Meeres" in seiner ganzen Sinnlichkeit beobachten lässt. Ein ganz besonderer Ort des Dialogs, der Gedankenwelt und der Selbstbestimmung, aber auch der Eitelkeiten, des Sports und des Spiels. Strand und Promenade sind Standorte, von denen aus – angesichts der Weite des Wassers und des Himmels – Grenzenlosigkeit und Freiheit empfunden werden. Heinrich Heine, der eine Seelenverwandtschaft mit dem Meer verspürte, ließen diese Eindrücke und Empfindungen zum „Dichter der Nordsee" werden. Nach Frank Thiess ist die Begegnung mit dem Meer die Rückkehr zum Ursprung. Denn „das Meer ist heute nicht anders, als es vor Zehntausenden von Jahren war, nicht einmal die schönen Promenaden Norderneys nehmen ihm das Geringste von seiner Ungeheuerlichkeit ... Es spricht seine urewige Sprache ... Der Wind, der blendende Glanz der Sonne, der ewige Rhythmus der Wellenschläge, der Salzatem, die Ruhe des Abends, der Schrei der Möwen – das war immer so, und es wird immer so sein. In diese kosmische Musik von Farben, Duft und Rauschen eintauchen, das muß den Menschen, der aus den großen Städten und dem verworrenen Netzwerk seiner Pflichten kommt, wieder an den Ursprung binden. Aus Fernen, die er sich selber verstellt hat, dringt wieder etwas in ihn ein, das ihm ungeahnte Kräfte zu geben vermag."

Der bekannte Philosoph Karl Jaspers (1883–1969) bezeichnete das Meer als die anschauliche Gegenwart des Unendlichen. „Immer ist alles in Bewegung, nirgends das Feste und das Ganze in der doch fühlbaren unendlichen Ordnung ... Das Meer ist Gleichnis von Freiheit und Transzendenz."

Am Nordstrand bei Ebbe. Der Anblick des Meeres, die Bewegung des Wassers, ein hoher Himmel mit beeindruckenden Wolkenformationen, das ist es, was die Faszination der Inseln und Küsten ausmacht. Die Wasserwelt aus Meer, Wolken, Gischt und Nebel ist dort, wo sie auf Land stößt, wohl am schönsten.

Bei einem Strandspaziergang ist man dem Meer ganz nahe – hält Zwiesprache, weicht den heraneilenden Wellen aus, atmet den frischen Wind ein und späht auf das, was die Wellen auf den Strand geworfen haben. Bereits in der Antike wussten die Menschen von den Heilkräften des Meeres. Doch das Wissen darüber war seitdem verloren gegangen. Erst der englische Arzt Richard Russell (1700–1771) verhalf der modernen Thalassotherapie zum Durchbruch. Er hatte festgestellt, dass die Küstenbewohner im Gegensatz zu den Einwohnern der Städte und des Binnenlandes kaum an Skrofulose litten und Seebäder sowie das Meeresklima sich vorteilhaft auf die Gesundung und die Verbesserung der allgemeinen Konstitution bei kränklichen und schwächlichen Kindern auswirkte. Um 1750 schuf er mit den ersten Badeeinrichtungen in Brighthelmstone, dem späteren Brighton, das erste Seebad Englands. Andere folgten, am Ende des 18. Jahrhunderts auch in Deutschland, wo in Heiligendamm (1793) und auf Norderney (1797) die ersten Seebäder entstanden. Bei einem Bad in der Brandung wirken verschiedene Faktoren: der Wellenschlag, die Bewegung des Körpers, der Salzgehalt des Wassers und viel Aerosol in der Luft, die Wasser- und Lufttemperatur und die Lichtstrahlung. Aber die Heilkräfte des Meeres sind es nicht allein, sondern auch der Aufenthalt in frischer Luft, die Bewegung, Spaß und Spiel sowie Ausgelassenheit im Wasser tragen zum Wohlbefinden bei.

Fischkutter vor dem Strand des Ostendes von Norderney. Die Insel endet an der „Wichter Ee" – dem Seegat zwischen Norderney und Baltrum. Ungefähr sechs Kilometer sind es bis dort, wenn man sein Auto oder Fahrrad am Parkplatz Ostheller abgestellt hat. Nach zweistündiger Wanderung ist das Inselende erreicht, bequemer natürlich von einem Ausflugsschiff auszumachen. Ob am Strand entlang, über den Weg zwischen den Dünen oder entlang der Südkante der Insel – ein ganz besonderes Naturerlebnis ist eine Wanderung zum Inselende auf jeden Fall. Manch ein rund gewaschener Stein, ein Stück Holz, natürlich Muscheln und Schneckengehäuse, ein Schulp vom Tintenfisch, selten ein Stück Bernstein, werden zum Mitbringsel von der Nordsee. Was heute mit eine Lieblingsbeschäftigung der Kur- und Urlaubsgäste ist, trug in früherer Zeit zur Existenz der Insulaner bei. Die Wellen warfen Ausrüstung und Ladung von Schiffen an den Strand, die geborgen werden mussten. Landesherr und Insulaner waren am Gewinn beteiligt. Schon lange ist es her, dass Grubenholz, Koks, Papierladungen und Apfelsinen an den Norderneyer Strand spülten.

ACC 5

Der von Strömung und Wellengang auf den Strand gespülte Sand wird vom Wind zu Dünen aufgehäuft. Besonders bei Weststurm werden dann große Mengen trockenen Sandes als helle Windfahnen über den Strand transportiert. Dieser für die Entstehung und den Erhalt der ostfriesischen Düneninseln bedeutsame Vorgang wird in Anspielung auf den in der griechischen Mythologie geltenden Schöpfer der Winde als „äolischer Transport“ bezeichnet, wogegen der Insulaner von „Sandstäuben“ spricht. Große Lücken in den Randdünen, die sogenannten „Sloops“, sowie trotz dichten Bewuchses mit Strandhafer vorhandene Abbrüche und Ausblasungen an den Randdünen zeugen von den starken Kräften und Umlagerungen durch Wasser und Wind.

Immer wieder wird das Dünenlabyrinth von großen Senken, den „Legden", unterbrochen. Im Gegensatz zu den Randdünen weisen die älteren Dünenzüge in der Inselmitte einen geschlossenen Bewuchs auf, in dem besonders die Kriechweide, der Sanddorn, das Silbergras, Heide, einige Blütenpflanzen und geschlossene Bodenschichten von Flechten und Moosen vorkommen. In feuchten Dünentälern wächst auch dichter Röhricht aus Schilf und Krähenbeerheiden. In manchen Senken breiten sich kleine Gehölze von Birken und Erlen aus, die von der Gewalt des Windes gebeugt sind. Vom Rand der Wander- und Radfahrwege lassen sich die unterschiedlichen Landschaftsformen, die Fauna und Flora gut beobachten. Der Leuchtturm kennzeichnet ungefähr die Mitte der Insel. Wenn man die 253 Stufen bis zur Aussichtsplattform aufgestiegen ist, bietet sich ein phantastischer Blick über Insel, Watt und Küstenlandschaft. Wem der Aufstieg zu anstrengend ist, der hat aber auch von den Aussichtsdünen einen guten Überblick.

„Gar besonders wunderbar wird mir zu Mute, wenn ich allein in der Dämmerung am Strande wandle, – hinter mir flache Dünen, vor mir das wogende, unermeßliche Meer, über mir der Himmel wie eine riesige Krystallkuppel – ich erscheine mir dann selbst sehr ameisenklein und dennoch dehnt sich meine Seele so weltenweit. Die hohe Einfachheit der Natur, wie sie mich hier umgibt, zähmt und erhebt mich zu gleicher Zeit, und zwar in stärkerem Grade als jemals eine andere erhabene Umgebung." (Heinrich Heine: Norderney, geschrieben 1826)

Sand ist der Stoff, aus dem die Ostfriesischen Inseln aufgebaut sind. In außergewöhnlich großen Mengen ist dieser nach der Zeitenwende – vor 2 000 Jahren – küstenwärts verfrachtet worden. Er hat die nacheiszeitliche Landoberfläche bedeckt, die Watten aufgeschwemmt und sich am Rande des Watts zu Strandwällen angehäuft, die wohl den Kern der heutigen Schwemmsandinseln bilden. Damit sind die Ostfriesischen Inseln erdgeschichtlich junge Formationen.

Wasser und Wind waren die Geburtshelfer der Inseln. Wellengang, Strömung, Brandung und der Gezeitenwechsel häuften den Sand zu den so genannten Platen auf, die über das Hochwasser hinauswuchsen. Der Wind transportierte den trockenen Sand weiter, ließ die großflächigen Sandbänke wachsen und warf den Sand zu Dünen auf. Pionierpflanzen wie die Strandquecke und der Meersenf eroberten den Strand, und typische Dünenvegetation festigte den Sand.

Form, Größe und Relief der Inseln unterlagen weiterhin starken Einflüssen und Veränderungen. Besonders groß waren diese, wenn gewaltige Sturmfluten den Sand ganzer Dünenketten hinwegspülten, schlimmstenfalls eine Insel teilten. Auch Norderney verdankt seine Entstehung einer solchen Katastrophe. In einer Urkunde aus dem Jahr 1398 werden die Ostfriesischen Inseln erstmalig erwähnt. Danach liegen zwischen Juist und Baltrum zwei Inseln, die als „Burse“ und „Oesterende“ bezeichnet werden. Von Norderney ist keine Rede. In dieser Urkunde bezeugen die ostfriesischen Häuptlinge Widzel tom Brok und Folkmar Allena, dass sie ihr Eigentum zwischen Ems und Jade dem Herzog Albrecht von Bayern, der zugleich Graf von Holland und Friesland war, übertragen. „Oesterende“ war eine auch auf den anderen Inseln gebräuchliche Flurbezeichnung und somit kein eigentlicher Inselname. Dies lässt vermuten, dass „Oesterende“ der östliche Teil einer ehemals größeren Insel war, die im 14. Jahrhundert durch Sturmfluten geteilt wurde. Diese größere Insel wird wahrscheinlich „Burse“ (auch Buyze, Buise) geheißen haben, von deren „Westerende“ nur ein Überrest blieb. Zwei Jahrzehnte später wird „Oesterende“ nur noch als „Ny norderoghe“, dann auch als „Norderoog“ oder auch „Norder neye oog“ bezeichnet, was „Neue Norder Insel“ heißt. Im 16. Jahrhundert setzte sich die Kurzform „Nordernei“, „Norderney“ oder plattdeutsch „Nördernee“ durch.

Die Restinsel „Buise“ wird 1541 noch als niedriges Eiland erwähnt, um 1700 ist von ihr nur noch eine Sandbank übrig geblieben. Norderney profitierte vom Verschwinden der Insel „Buise“, denn deren Sand lagerte sich in ihrem Ostteil an. Die Insel Juist wanderte in den ehemaligen Bereich von „Buise“ ein, Norderney mit seinem Ostteil in den ehemaligen Westteil der Insel Baltrum. Der Anwachs für Juist und Norderney belief sich in drei Jahrhunderten auf ungefähr 5 000 Meter, Baltrum hat dagegen im Westen mehr als 4 000 Meter verloren.

Für Norderney bedeutete dieser Anwachs eine Verdoppelung seiner hochwasserfreien Inselfläche sowie eine wesentliche Zunahme des Dünenareals. Besonders die Pflege der Dünen gehörte in der Vergangenheit mit zu den Pflichten der Inselbevölkerung. Diese Arbeiten wurden vom Vogt beaufsichtigt, der auch darauf zu achten hatte, dass die Insulaner kein Vieh in die Dünen trieben oder nach Kaninchen gruben. Bereits zu Beginn des 18. Jahrhunderts wurden von der Regierung holländische „Dünenmeier“ angeworben. Sie ließen sich auf der Insel nieder und wurden beauftragt, durch Helmanpflanzungen (Strandhafer) und Setzen von Sandfangzäunen den fließenden Sand zu stabilisieren und die Dünenbildung zu forcieren. Die „Weiße Düne“ war eine der letzten großen Wanderdünen auf der Insel. Seit Jahrzehnten ist sie durch Bepflanzung festgelegt. Vor allem die Randdünen Norderneys unterliegen noch starken Veränderungen. Sie garantieren den seeseitigen Schutz der Insel und sollten deshalb nicht betreten werden.

Die Dünen sind die Berge der Insel. Einige der höchsten Dünen im westlichen Teil Norderneys haben Aussichtsplattformen, die einen guten Überblick gestatten. Die höchste Erhebung der Insel ist die Walter-Großmann-Düne am Abzweig zum Strandbad „Weiße Düne“. Mit 24,30 Metern gehört sie zu den höchsten Erhebungen auf den Ostfriesischen Inseln. Ihren Namen hat die hohe Düne von dem Geodäten Großmann (1897–1980), aus Norden gebürtig, der sich als ehemaliger Leiter des Reichsamtes für Landesaufnahme und Direktor des Geodätischen Instituts um die Landesvermessung verdient gemacht hat.

Das während einer Sturmflut hoch auflaufende Wasser wurde unterschätzt. Der Mensch steht am Meer Kräften gegenüber, die seinem Tun Grenzen setzen.

Ständige Sandzufuhr garantiert den Bestand der Ostfriesischen Inseln. Norderney profitiert dabei von Sand, der die Insel Juist an ihrem Ostende verlässt und als Riffbogen – einer mehr oder minder ausgeprägten Staffelung von Platen und Riffen – auf Norderney bevorzugt im Bereich der „Weißen Düne“ und des FKK-Strandes anlandet. Während im östlichen Teil der Insel ein Sandüberschuss vorherrscht, fehlt dieser Sand am Westkopf. Hier musste schon Mitte des 19. Jahrhunderts der Mensch eingreifen, um weitere Strand- und Dünenverluste zu verhindern. Erste Schutzbauten widerstanden den Wellen nicht. Erfolge hatte man erst 1857/58 mit dem Bau eines 900 Meter langen massiven Deckwerkes aus Sandsteinquadern. Dieses Dünenschutzwerk wurde in den folgenden hundert Jahren in unterschiedlicher Bauart auf 6 000 Meter erweitert. 1861 wurde auch mit dem Bau von Unterwasserbuhnen begonnen, um die sich ostwärts verlagernde tiefe Rinne des „Seegats“ vom Inselsockel abzudrängen. Zum Schutz der Fußsicherung der Deckwerke sowie zur Stabilisierung der Buhnen sind seit 1951 acht Strandaufspülungen ausgeführt worden.

Sturm- und Orkanfluten haben an der Küste immer wieder zu Überschwemmungen und zu schweren Zerstörungen geführt. Die Februarsturmflut 1962, mit einem mehr als zwölf Stunden dauernden Sturmfeld, im Mittel Stärke 11, verbunden mit einer außergewöhnlich hohen See und Brandung von vier bis fünf Metern, richtete an den Deckwerken des Nordstrandes schwerste Zerstörungen an. Salzwasser drang über die Kaiserstraße und das alte Flugplatzgelände in den Ort ein, überflutete Straßen und Plätze, lief in Keller und Häuser. Die Wasserstände der Januarfluten 1974 blieben nur gering unter denen der Sturmflut 1962 – Norderney kam glimpflich davon. Bei der Januarsturmflut 1976 lief wiederum viel Wasser in den Ort. Mit der Erhöhung der Kaiserwiese (1976), des Deiches am Fischerhafen und dem Südstrandpolderdeich sowie dem Neubau von Schutzanlagen im Hafen und dem Bau des Westdeiches (ab 1981) sind in den letzten Jahrzehnten eine Reihe von Maßnahmen für den Schutz der Insel ergriffen worden.

Seit dem Mittelalter ist der Meeresspiegel an der ostfriesischen Küste um durchschnittlich 20 bis 30 Zentimeter im Jahrhundert gestiegen. Wissenschaftler halten auch einen durch die Erderwärmung beschleunigten Meeresspiegelanstieg für möglich. Was passiert oder passieren könnte, diese Szenarien sind durchgespielt. Sicher ist, dass sich mit einem beschleunigten Anstieg des Meeresspiegels der Tidenhub vergrößert, das Watt höher überflutet und der Seegang stärker wird. Der Mensch wird noch höhere Deiche bauen müssen, die Maßnahmen zum Erhalt der Inseln als „Wellenbrecher für den Schutz der Küstendeiche“ werden umfangreicher und kostspieliger sein.

Dass sich das Klima ändert, wissen die Klimaforscher durch langzeitige Beobachtungen schon länger. Deutlich zugenommen haben in den letzten Jahrzehnten die Häufigkeit und Schwere von Orkanfluten in der Deutschen Bucht. Ereignisse wie Sturmfluten machen den Inselbewohnern deutlich, welche engen Grenzen ihnen das Meer setzt. Inselschutz wird zum Überlebensprinzip. Schäden am Deckwerk und dazu eine erhöhte Seegangsbelastung haben eine Überprüfung der „Wehrhaftigkeit“ dieses Deckwerkes am Nordstrand der Insel ratsam erscheinen lassen. Es wurde festgestellt, dass während des höchsten Wasserstandes bei einer schweren Sturmflut mehr als 400 000 Kubikmeter Seewasser über die Promenade in den Ort laufen werden. Nunmehr musste ein Plan entwickelt werden, welche Maßnahmen zur Reduzierung des Wellenauflaufs und Wellenüberlaufs notwendig sind. Die Erhöhung der Kaiserwiese, im Wesentlichen aber eine Barriere aus Schwallwänden mit einer Kronenmauer als Abschluss sowie die Erneuerung der Beläge des Deckwerkes sind die für den Schutz und die Sicherheit der Insel dringendsten Investitionen. Mit der Verwendung hochwertiger Materialien wie Klinker, Sandstein und Granit ist eine über das Funktionale hinausgehende Küstenschutzanlage entstanden. Sitzmöglichkeiten in den gekrümmten Schwallwänden sowie zahlreiche Bänke auf der obersten Wandelbahn machen diesen Promenadenabschnitt zum „Balkon des Meeres“. Einen ebenso unverstellten Blick auf das Wasser bietet die neu erbaute „Strandhalle“ mit ihrem Café und Restaurant. Aber auch Minigolf am Meer ist hier möglich. Ein in die Promenade integriertes Amphitheater eröffnet Open-Air-Konzerten und Events neue Möglichkeiten.

Schwere Zerstörungen an den Schutzwerken vor der Kaiserstraße während der Februarsturmflut 1962: Die Wandelbahn (Promenade), die Steinmauer zur Kaiserwiese und das dahinterliegende Gelände wurden weggespült.

Den Strand auflaufende Brandungswelle an der „Weißen Düne“: Während die bebauten Flächen der Insel durch massive Strand- und Dünenschutzbauten vor Sturmfluten geschützt werden, ist der größte Teil des Nordstrandes naturbelassen. Die östlichen Strandbäder „Weiße Düne“ und der FKK-Strand bieten beste Bademöglichkeiten sowie Raum für ausgedehnte Spaziergänge.

„Wer mit den täglich abgehenden Fährschiffen nach Norderney reisen will, nimmt am besten den Weg über Norden, von wo man durch eine fruchtbare freundliche Gegend in einer guten halben Stunde bis an den hohen Deich zu fahren pflegt. Eine geraume Strecke diesseits desselben sieht man zwar die Wimpel der Fährschiffe, aber noch nichts von der See; steigt man aber beim Fährhause hinab, welches mittelst einer zum Besten der Reisenden aufgelegten bequemen Treppe geschehen kann, so erblickt man plötzlich die See mit ihren Attributen, und Norderney hebt sich mit seinen hohen Dünen mahlerisch aus den grünen Wellen empor ...“ So beschrieb Friedrich Wilhelm von Halem (1762–1835), „Landphysikus des Fürstenthums Ostfriesland“ und Initiator des Seebades Norderney, 1822 den Ausblick vom Deich bei der Mole. Diesen plötzlichen Blick auf das Meer mit der Insel Norderney im Hintergrund hat man noch heute, sobald man die Deichkrone an der Norddeicher Mole erreicht hat, und heute eher aus der Perspektive des Autofahrers, der sich zur Überfahrt in die Fahrspuren des Fährterminals einreiht. Auch das Umfeld hat sich verändert. Wo einst nur ein kleiner hölzerner Anleger, die so genannte Schlenge, vor dem Deich lag, erstrecken sich Kaianlagen, eine Schiffswerft, das Verwaltungsgebäude der AG Reederei Norden-Frisia mit dem Restaurant „Priggenkieker“, ein Fahrkartenschalter mit Wartehalle und Imbiss sowie andere Gebäude, dazu auch zahlreiche Autostellplätze. Der Hafen wird belebt von den vielen Krabbenkuttern Norddeicher und Greetsieler Fischer, vom Frühling bis zum Herbst auch von Yachten und Motorbooten. Rückgrat dieser Anlagen ist der Eisenbahndamm mit Bahnsteig, auf dem mehrmals täglich die Züge ein- und ausfahren. Zielbahnhof ist Norddeich-Mole, der schon seit 1892 einen Platz auf dem Fahrplan hat.

Die „fruchtbare freundliche Gegend“ zwischen Norden und Norddeich ist heutzutage mit Häusern zugestellt. Norddeich, noch bis 1975 Straßendorf mit wenigen roten Backsteinhäusern, hat sich zu einem quirligen, gut besuchten Küstenbadeort entwickelt.

Während heute die meisten Touristen mit dem Auto anreisen, was zumeist dank gut ausgebauter Autobahnen und Straßen bequem ist und schnell geht, war eine Reise über Land noch bis zur Mitte des 19. Jahrhunderts eine große Strapaze. Man war über mehrere Tage in einer schlecht gefederten Postkutsche unterwegs, eingezwängt zwischen den Mitreisenden, übernachtete in Relaisstationen oder in Hotels größerer Städte, fuhr durch menschenleere Moorgegenden auf unbefestigten Wegen, deren Löcher die Kutsche schlingern ließen, als hätte man schon die Seereise zur Insel angetreten. Drei bis vier Tage brauchte die Kutsche von Hannover.

Schneller und komfortabler war die Fahrt mit einem Segelschiff und später mit einem Dampfschiff ab Hamburg, Bremen, Geestemünde, Leer oder Emden. Trotz einer guten Restauration an Bord oder bequemer Sitzmöglichkeiten in der Kajüte war solch eine Seereise mit dem Seebäderdampfer nicht immer ein Vergnügen. Seegang zwang den Bremer Raddampfer „Telegraph“ meist dazu, bei Wangerooge in das Wattenmeer einzulaufen, über Nacht im Schutz der Inseln zu liegen und erst am anderen Tag Norderney zu erreichen. Otto von Bismarck beschrieb in einem Brief an seinen Vater die Schrecken einer solchen Nacht vor Wangerooge, als das dort ankernde Schiff von einem Gewitter überrascht wurde. Nur wenige Meter neben Bismarck, der sich mit dem Kapitän und einem anderen Passagier auf dem Deck befand, schlug ein Blitz in den Kettenkasten ein.

Zur Saison 1846 wurde ein regelmäßiger Seebäderdienst von Emden mit den Raddampfern „Erbprinz Ernst August“ und „Kronprinzessin Marie“ aufgenommen, eine recht günstige Verbindung, denn in sechs bis sieben Stunden wurde die Insel erreicht. Die Eröffnung der hannoverschen Westbahn im Sommer 1856, als die Bahnstrecke von Löhne in Westfalen über Osnabrück und Rheine bis nach Emden weitergeführt wurde, brachte noch mehr Besucher nach Norderney. Die Schifffahrt von Emden verlor erst an Bedeutung, nachdem 1883 die Eisenbahnstrecke bis nach Norden fertig gestellt war. Von dort ging es weiter mit dem Pferdeomnibus oder der Droschke zum Schiffsanleger in Norddeich. 1892 fuhr der erste Zug bis Norddeich durch. Neben dem Eisenbahndamm zur Mole waren auch die neuen Kaianlagen des Norddeicher Hafens fertig gestellt. Wenige Jahre zuvor war eine Fahrrinne in das Watt gebaggert worden, die von Leit-

„Ankunft mit dem Dampfschiffe“, um 1850. Bei ruhiger See und Sonnenschein war die Reise mit einem Dampfschiff ab Hamburg, Bremen, Emden und Leer die bequemste Möglichkeit zur Insel zu gelangen.

dämmen eingefasst nun einen von Ebbe und Flut unabhängigen Schiffsverkehr nach Norderney ermöglichte.
Nicht zuletzt waren es die günstigen Verkehrsanbindungen, die dazu führten, dass sich im Vergleich zu den anderen Ostfriesischen Inseln Norderney und auch Borkum zu den am meisten besuchten Seebädern entwickeln konnten. 1884 wurden auf Norderney etwa 10 000 Kurgäste gezählt, bis 1911 stieg ihre Zahl auf mehr als 47 000.
Zwischen Norddeich und Norderney verkehrten lange Zeit nur Segelboote. 1872 setzte dann die 1871 gegründete „Dampfschiffs-Rhederei Norden" mit der „Stadt Norden" das erste Dampfschiff ein. Mit dem Konkurrenzunternehmen „Neue Dampfschiffs Reederei Frisia" fusionierte das Unternehmen 1917 zur „AG Reederei Norden-Frisia", deren „Weiße Flotte" seitdem im Liniendienst mit Norderney und Juist verkehrt. Heimathafen der „Frisia"-Schiffe ist Norderney.
Bereits die Fahrt mit einem dieser Schiffe ist ein besonderes Erlebnis. Norddeich-Mole, Fähranleger nach Norderney: Ein Gong kündigt die Abfahrt der Fähre an. Langsam löst sich das Schiff von der Kaimauer, die Motorengeräusche verstärken sich, und das Schiff nimmt Fahrt auf. Unterwegs nach Norderney. Eine schmale Rinne, die seitlich von Leitdämmen eingefasst ist, gibt die Fahrstrecke vor. Sie muss ständig ausgebaggert werden, damit sie nicht versandet. Das Nadelöhr befindet sich aber vor der Einfahrt in den Seekanal. Hier schwemmen immer wieder große Sandmengen in die Fahrrinne, was besonders im Winter bei niedrigen Wasserständen zu Behinderungen führen kann. Doch Schiffsausfälle sind selten. Nur bei sehr starkem Sturm mit Orkanböen besteht die Gefahr, dass das Schiff durch den Winddruck aus dem Ruder läuft. Sehr harte Winter mit starkem Eisgang gibt es allerdings seit Jahren nicht mehr.
Hinter den Leitdämmen beginnt die eigentliche Seefahrt. Sie führt durch den „Nationalpark Niedersächsisches Wattenmeer", worauf der Kapitän in seiner Durchsage hinweist. Erst bei Niedrigwasser geben sich die Wattflächen zu erkennen. Es ist eine amphibische Landschaft, die aus hellen Sandplaten besteht, unterbrochen von kleinen Rinnsalen, die zu Prielen anwachsen, welche dann in die auch bei Niedrigwasser gefüllte tiefe Wattrinne, das Busetief, münden. Nur Möwen, Watvögel und zunehmend auch Kormorane scheinen das Watt zu beleben. Man muss schon genau hinsehen. Aus nächster Nähe betrachtet, überraschen die Vielfalt und Dichte von Bodenorganismen, Muscheln und Algen – ein gedeckter Tisch für die vielen Vögel.
In der tiefen Rinne des Busetiefs hat die Fähre schon bis zu elf Meter Wasser unter dem Kiel. Grüne und rote Tonnen markieren diese Fahrrinne. Bei Dunkelheit oder im Nebel hilft das Radar. Backbords kommt die Insel Juist immer mehr ins Blickfeld, die mit ihrer Ostspitze – dem Kalfamer – nahe der Fahrrinne liegt, steuerbords die Insel Norderney, auf die das Schiff nun zuhält. Weiße Häuser am Strand, dazu einige Hochbauten, die aus dem Wasser zu wachsen scheinen, tauchen auf. In der Ferne ist der Leuchtturm auszumachen. In der flimmernden Luft der Sommerhitze verschwimmen am Horizont die Nachbarinseln, aber auch die Festlandsküste verliert dann ihre Konturen.
Juist ist passiert, ebenso die Sandbank, auf der sich bei Niedrigwasser zahlreiche Seehunde tummeln. Der Seegang, der bereits bei Starkwind aus westlicher und nördlicher Richtung recht rau ist, wird stärker. Das Schiff müht sich in langsamer Fahrt vorwärts, denn es befindet sich zwischen Untiefen. Immer wieder unterlaufen hohe Wellen das Schiff, das zu schlingern beginnt, oder schlagen mit lautem Klatscher gegen die Bordwand und prallen als Gischt zurück. Erst in der Rinne des Norderneyer Seegats, unmittelbar vor dem Westkopf der Insel, wo die Wassertiefe stellenweise bis über 20 Meter beträgt, nimmt die Fähre wieder Fahrt auf. Kurz vor dem Anlegen entsteht Unruhe an Bord: Autofahrer eilen zu ihren auf dem Oberdeck abgestellten Fahrzeugen, und vor dem Personenausgang sammeln sich die Passagiere. Am Weststrand sind sommertags die Strandkörbe aufgestellt. Die „Marienhöhe" ist erkennbar sowie die Viktoriastraße mit ihren Strandvillen, das Westbad mit der „Giftbude", sogar der von Hochbauten überragte Kirchturm, mit etwas Glück auch das Türmchen des Kurhauses. Die Bebauung weicht hinter dem Westdeich zurück. Langsam gleitet das Schiff in das Fährbett, ein leichter Stoß, die Tür wird aufgerissen und die Brücke heruntergeklappt. He! oder Willkommen auf Norderney!

Der Dampfer aus Norddeich legt an. Im Norderneyer Hafen warten Pferdedroschken und Pferdeomnibusse auf die Passagiere, um sie mit ihrem Gepäck in die Unterkünfte zu bringen. Aufnahme aus den 1920er Jahren.

Norderney – die weiße Stadt im Meer. Ihre Häuser scheinen aus dem Meer zu steigen. Von See her ist die Insel nur als niedriger, dunkler, gegen den Horizont erscheinender Landstreifen auszumachen. Vom Festland und von der Fähre ist es besonders die geschlossene Bebauung auf dem Westende, die auffällt. Bei Nacht zeichnen die Laternen auf der Promenade aus der Ferne als Lichterkette die Konturen der Insel nach.

Besonders aus der Luft wird die dichte Bebauung des Westkopfes der Insel deutlich. Aber auch die Bausünden fallen auf, so die Hochhäuser an der Kaiserstraße, die 1964 errichtet wurden. Zur Wattseite hin wird die Bebauung geringer. Große Flächen des ehemaligen Flugplatzes werden noch als Weide genutzt. Wo sich einst die Reede und der Seefliegerhorst befanden, sind Neubaugebiete entstanden. Wie ein dunkles Band ziehen sich der „Argonnerwald“ und der Kurpark durch das Bild, an dem sich weiter östlich bis zur Meierei der Kiefernwald und das „Ruppertsberger Wäldchen“ anschließen. Mit insgesamt 50 Hektar besitzt Norderney die größten Waldungen auf den Ostfriesischen Inseln. Südlich der Insel sind die bei Ebbe trockengefallenen Wattflächen auszumachen.

Abendstimmung im Wattenmeer. Der Binnenländer hat kaum eine Vorstellung davon, dass es sich bei den ebenen, vorwiegend in Grau gehaltenen Sand- und Schlickflächen um einen der produktivsten und bedeutsamsten Lebensräume der Erde handelt. Dieser Übergangsbereich zwischen Land und Meer unterliegt dem Rhythmus der Gezeiten und baut sich aus dem vom Meer transportierten Sand sowie organischen Materialien auf. Bei verringerter Strömung sedimentieren die von den Gezeitenströmen mitgeführten Stoffe und tragen zur Erhöhung des Watts bei. In Abhängigkeit von der Höhenlage und damit der Überflutungsdauer erobern salzliebende bzw. salzverträgliche Pflanzen den landnahen Bereich des Watts. Das Ökosystem Wattenmeer reagiert sehr empfindlich auf Umweltgifte, Klimaveränderungen und menschliche Aktivitäten (Fischerei, Jagd, Landwirtschaft, Massentourismus, Schiffsverkehr u. a.), was den besonderen Schutz rechtfertigt.

Größere Aufmerksamkeit haben Norderney und die anderen Ostfriesischen Inseln spät erfahren. Erst während der Hansezeit, als die Nordsee zu einem viel befahrenen Gewässer wurde, rückten der Küstenstreifen und die Inseln stärker in das Blickfeld. Nicht nur, weil die Inseln inmitten fischreicher Fanggründe lagen, sondern auch, weil ihre Strände zu Präsentiertellern von Ladung und Ausrüstung gesunkener und zerschellter Schiffe wurden. Ein Teil der geborgenen Güter stand den Insulanern zu, die daraus den „allerschändlichsten Gewinn" zogen, wie Ubbo Emmius (1547–1625), Rektor an der Universität Groningen, erwähnte. In diesem Sinne schrieb auch der Norderneyer Pastor Husius 1708 an das Amt: „Eyländer-Leute meinen vom Strandraube zu leben und doch dabei gute Christen zu sein oder gar wohl selig werden können." Viele Schiffe scheiterten bei Sturm oder an den Riffen. Noch gab es keine verlässlichen Seekarten, in denen die Untiefen und die sich häufig und schnell verlagernden Riffe dargestellt wurden. Auch fehlte es an Orientierungshilfen.

Älter als Seekarten sind Segelanweisungen, die zum Teil mit schattenrissartigen Seitenansichten, den so genannten Vertoonungen, versehen waren. Der Kartograph A. Haeyens beschreibt in dem 1585 zu Leiden erschienenen Segelhandbuch „Amstelredamsche Zeecarten" die Ansicht der Insel Norderney wie folgt: „Man erkennt Norderney an dem platten, breiten Turm, der sich am Westende befindet. Sonst gibt es wenig Bemerkenswertes. Ungefähr in der Mitte der Insel, etwas mehr dem Ostende zu, liegt eine hohe weiße Düne, an der das Eiland ebenfalls gut zu erkennen ist. Im übrigen handelt es sich um hügeliges Land." Bereits auf einer Vertoonung aus dem Jahr 1555 ist der erwähnte Turm erkennbar, ebenso in späteren Segelanweisungen, in denen von einem „dicken, plumpen Steinhaus oder Turm" berichtet wird. Dieses Steinhaus war der Vorläuferbau der 1879 an gleicher Stelle errichteten evangelischen Kirche der Insel. Denkbar ist, dass der Turm – vergleichbar dem alten Leuchtturm auf der Insel Neuwerk – zunächst als Seezeichen errichtet wurde. Nach 1560 wurde darin ein Raum für den Gottesdienst eingerichtet und 1750 ein Kirchenschiff angebaut. Des Weiteren diente der Turm den Insulanern als Schutzraum bei Sturmfluten, als Lagerraum für geborgene Strandgüter und als Zuflucht vor Heimsuchungen durch Seeräuber. Besonders während der spanischen Inquisition soll die Insel von Seeräubern „übel geplaget" worden sein. Der Turm erhielt wohl deshalb eine Besatzung und wurde mit Geschützen bestückt. 1707 hat die

„Totalansicht von Norderney" auf einem Stich aus dem Jahr 1850. Blick von den nördlichen Randdünen auf das Inseldorf, links die Reede von Norderney mit einem ankernden Dampfschiff, nah am Watt das Große Logierhaus mit dem Conversationshaus, ganz rechts die alte Inselkirche.

„Große Kaper“, ein Seeräuberschiff, die Sicherheit der Insulaner bedroht. „Wenn es ganz schlimm wurde, flüchteten die Norderneyer in ihre Turmkirche“, schrieb Pastor Reins (1853).
Östlich dieses Turms entwickelte sich aus zunächst nur wenigen kleinen Häusern das Inseldorf. 1550 lebten 16 Familien auf der Insel, also ungefähr 80 Einwohner. Bis 1695 stieg ihre Zahl auf 200 an, und am Ende des 18. Jahrhunderts lebten schließlich 573 Menschen auf Norderney, die in 106 Häusern wohnten.
„Als eine öde, einsame, unfruchtbare Sandfläche“ beschreibt ein Reisender im Westphälischen Anzeiger noch zu Beginn des 19. Jahrhunderts die Insel, „die von der Natur und der Kunst bisher gleich vernachlässigt, und durch nichts besonders merkwürdig (ist), als durch den hehren Anblick des großen Weltmeeres ...“
Sich angesichts dieser Dürftigkeit auf der Insel niederzulassen war ein Wagnis. Wann dies geschah und wer die ersten Bewohner der Insel waren, ist nicht überliefert. Womöglich ist die erste Besiedlung während des 13. oder 14. Jahrhunderts geschehen, als sich die Stadt Norden zu einem bedeutsamen Handelsplatz und Marktort entwickelt hatte und nach 1374 auch ein bedeutsamer Seehafen wurde, von dem Schiffe nach Norderney fahren konnten. Haupterwerbszweig der ersten Siedler auf der Insel muss der Fischfang gewesen sein, denn der magere Sandboden eignete sich nicht für den Ackerbau und die Viehzucht.
Die Abgaben an den Landesherrn, den Fürsten von Ostfriesland, leisteten die Insulaner bis zu Beginn des 18. Jahrhunderts zumeist in Naturalien: Kabeljau, Schollen, Heringe, Schellfisch, Möweneier und Muschelschalen (Schill). Die Insel war im Gegensatz zu den erschlossenen Geest- und Marschgebieten Ostfrieslands Herrenland, das heißt Domäne des Landesherrn. Als Erbpächter hatten sie kein Eigentum an Grund und Boden, gehörten deshalb als „Besitzlose“ nicht den Landständen an und hatten somit geringere politische Rechte. Die Aufsicht über die Insulaner übte der Vogt aus, der vom Landesherrn oder vom Amtmann in Berum bestellt wurde. Er besaß die Polizeigewalt, sammelte die Abgaben für den Landesherrn ein und hatte die Oberaufsicht bei den Dünenschutzarbeiten. Vor allem aber war er für die Bergung des Strandgutes verantwortlich, setzte die Anteile fest und zahlte die Insulaner aus. Als Privileg durfte der Vogt als einziger eine Schankwirtschaft und den Warenhandel auf der Insel führen, zudem besaß er das einzige Pferdefuhrwerk.
Die besondere Stellung des Vogtes gab oft Anlass zu Streitigkeiten. Sei es, dass die Einwohner seine Anweisungen nicht befolgten, sich bei der Bergung des Strandgutes übervorteilt fühlten oder aber dem Vogt Vetternwirtschaft und Betrug vorwarfen. Dass es bei der Bergung von Strandgut oft um hohe Erlöse bzw. Anteile ging, beweist die Strandung des Hamburger Schmackschiffes „Jungfrau Sara“, 1697, mit Stückgut unterwegs nach London. Ein Drittel der Ladung im Wert von fast 25 000 Talern konnte von den Insulanern geborgen werden, darunter 22 Säcke mit Ingwer, 18 Zinnbarren à 300 Pfund Gewicht, 7 Fässer Indigo und 300 Tierfelle. Denkbar schlecht war zuweilen auch das Verhältnis zwischen der Gemeinde und dem Pastor. Dieser beklagte sich wiederholt über das liederliche Leben auf der Insel, das häufige Feiern, den großen Alkoholkonsum, das Fernbleiben der Kinder vom Schulunterricht.
1779 berief der Amtmann in Berum den Vogt der Insel Juist, Diedrich Feldhausen (1730–1815), nach Norderney. Ab 1794 wurde dieser bei seinen Amtsgeschäften von seinem Sohn Johann Gerhard (1767–1838) unterstützt, der auch zu seinem Nachfolger bestimmt wurde. Der junge Feldhausen soll der sympathischste und weitaus tüchtigste aller Norderneyer Vögte gewesen sein. Mit „heilsamer Strenge“ soll er jede Ungezogenheit der Insulaner geahndet haben. Dazu gehörten bei schwereren Vergehen auch Hiebe, in weniger schweren Fällen soll der Vogt den Delinquenten in den „wassergefüllten Keller“ seines Hauses eingesperrt haben. Diese zupackende Art muss den Insulanern gefallen haben, denn als die französischen Besatzer ihn um 1810 entließen, reichten die Inselbewohner einen Antrag auf Wiedereinstellung beim Präfekten ein.
Johann Gerhard Feldhausen war der richtige Mann zur richtigen Zeit. Er hat

Blick auf den Damenpfad und die Strandstraße, 1878. Noch bestimmen zumeist Fischerhäuser sowie kleinere Pensions- und Logierhäuser mit ihren offenen Veranden und Vorgärten das Ortsbild.

entscheidend zur Gründung eines Seebades auf Norderney beigetragen. Die Überwindung der miserablen wirtschaftlichen Verhältnisse nach 1813 und die Entwicklung der Fischerei zum Hauptgewerbe der Insulaner sind seinem Verhandlungsgeschick und seinem Pflichtbewusstsein zu verdanken.
Bis zur Mitte des 18. Jahrhunderts hatten die Norderneyer ein eher kümmerliches Dasein gefristet. Die Fischerei warf kaum Überschüsse ab. Seuchen wie die Rote Ruhr, Blattern oder das Fleckfieber hatten wiederholt die Insel heimgesucht. Einen Arzt gab es nur auf dem Festland, doch der war unbezahlbar. Die Verbindung mit dem Festland erfolgte im Winter zumeist über den gefahrvollen Weg durch das zugefrorene Watt, wenn Lebensmittel und Arzneien gebraucht wurden. Die See holte sich ihre Opfer, wenn bei einem rasch aufkommenden Sturm der Hafen nicht mehr erreicht wurde. Manche Norderneyer Seeleute blieben auch in der

Die „Jungfer Ermine“ von Kapitän Ehme Jacobs Rass. Das Schiff, ansonsten für den Transport von Fracht eingesetzt, diente während der Sommermonate auch für den Fährdienst zwischen Norddeich und Norderney.

Fremde, denn nach 1750 hatten die Insulaner sich auf die lukrative Handelsschifffahrt umgestellt. Bis in die Ostsee, bis nach England und ins Mittelmeer fuhren die Norderneyer Kauffahrteischiffe. Gute Einkünfte wurden dabei erzielt. Die 1806 erfolgte Besetzung Ostfrieslands durch Truppen des Königreichs Holland unter König Louis Napoleon, Bruder des Kaisers von Frankreich, machte dem ein Ende. Durch die verhängte Kontinentalsperre gegen England war jeglicher Seehandel unterbunden.
Nach 1815 unternahm die hannoversche Regierung große Anstrengungen, um die Situation auf den Inseln zu verbessern. Mit Prämien für Neu- und Umbauten wurde der Wohnungsbau gefördert, mit Zuschüssen die Anschaffung von Betten und Möbeln für Gästezimmer ermöglicht. Mit dem ergiebigen Schellfischfang verbesserten sich die wirtschaftlichen Verhältnisse auf der Insel. Denn trotz steigender Besucherzahlen fühlte sich der größte Teil der männlichen Bevölkerung dem angestammten Seegewerbe verpflichtet. Die Insel war um 1870 der größte Umschlagplatz für Angelschellfisch, der von Aufkäufern in Hamburg und Bremen weitervermarktet wurde. 1868 erreichte der Fischfang mit 76 Schaluppen und 251 Mann Besatzung seinen Höhepunkt. Die Abwanderung des Schellfisches aus dem Küstenbereich, besonders aber die große Konkurrenz durch holländische und englische Fischer und auch durch Fischdampfer führten zum Verfall der Fischerei. 1912 waren noch sieben Fischereifahrzeuge auf Norderney beheimatet. Kaum etwas erinnert heute an die alte „Fischfangherrlichkeit“ der Norderneyer. Nur im Norderneyer Seglerhafen ist noch etwas spürbar von der Verbundenheit der Inselbewohner mit dem Meer.
Die Menschen, die seit Generationen auf der Insel ansässig sind und sich mit einem gewissen Stolz auf die Seefahrer- und Fischertradition ihrer Vorfahren berufen, sind bereits seit mehr als hundert Jahren in der Minderzahl. Es gibt kaum eine Norderneyer Familie, in die nicht ein Zugezogener eingeheiratet hat. Besonders zwischen 1870 und 1900, als steigende Besucherzahlen zu einem Bauboom auf der Insel führten, waren die Verdienstmöglichkeiten gut und die Aussichten auf die Gründung eines eigenen Betriebes für Handwerker und Händler günstig. Waren es zunächst vorwiegend Ostfriesen, die sich auf der Insel niederließen, so kam schon bald ein großer Teil aus den Städten des Binnenlandes – zumeist aus den Hansestädten, aus Berlin und Hannover sowie den Städten an Rhein und Ruhr. Die Inselbevölkerung stieg von 1867 bis 1914 von 1 431 auf 4 261 Köpfe an. 1939 zählte Norderney 6 369 Einwohner, darunter auch zahlreiche Soldatenfamilien des Seefliegerhorstes. Nach dem Krieg wurden in den vielen leer stehenden Fremdenzimmern, in Kasernen, Hotels und Pensionen mehr als 2 000 Flüchtlinge und Vertriebene untergebracht. Der größte Teil verließ zwar die Insel wieder, viele aber blieben und fanden dort ein neues Zuhause.
Die angestammten Inselbewohner wurden in der Vergangenheit als „derbe, aber redliche Menschen“ bezeichnet, „die jedem Ankömmling die Hand herzlich drücken. Dann aber setzen sie ihren Hut wieder auf und alles Genieren hat ein Ende, der Gast sei so vornehm als er wolle.“ Auf Seemanns Art bedient sich der Norderneyer „keiner Worte, welche das Herz Lügen strafen, dagegen aber sagt er offen und redlich seine Meinung, läßt sich seine Dienste

gern gut bezahlen, und betrügt nicht."
Ernst Willkomm (1850) beschreibt die Insulaner als „treuherziges Völkchen, unverdorbene Kinder der Natur, welche der Pesthauch festländischer Uebercultur noch nicht berührt hat". Ein gutes Zeugnis stellt auch Theodor Fontane den Norderneyern aus. Im August 1882 schrieb er seiner Frau, „daß ihm die eingeborene Bevölkerung sympathisch ist: kräftige, tüchtige, urgermanische Menschen, ehrlich und zuverlässig. Daß sie sich ihre Luft etc. gut bezahlen lassen, kann ich ihnen nicht verdenken, alles wonach Anfrage ist, das steigt im Preise, aber sie fordern nur viel, sie betrügen nicht. Selbst die Vielforderung hält sich immer noch innerhalb einer gewissen Manierlichkeit, es sind anständige Leute, kein Gesindel."

Strandung der Kuff „Fortuna" auf dem Weststrand der Insel. Eine Kuff war das eigentliche ostfriesische Seeschiff, mit dem Handelsschifffahrt in Nord- und Ostsee betrieben wurde. Um das Schiff wieder flott zu machen, musste erst die Ladung geborgen werden.

Für die heute 6 000 Einwohner ist die Insel ein Dorf geblieben. Man kennt sich, grüßt einander mit „He", wechselt einige belanglose Worte und pflegt damit den Zusammenhalt. Jedes Ereignis verbreitet sich sehr schnell und wird eifrig kommentiert – nicht immer mit der gebotenen Toleranz. Wer die Sprache beherrscht, bedient sich des Plattdeutschen. Man liebt die Gesellschaft von Gleichgesinnten, deshalb ist die Zahl der Vereine auf der Insel recht hoch. Ein hohes Einkommen allein findet unter den Insulanern noch keine Anerkennung, wer seinen Wohlstand „dick aufträgt", gilt als maßlos und eitel. Über Geld redet man nicht. Zumeist praktisch veranlagt und mehr rational denkend, lobt der Insulaner handwerkliches Können und ein zupackendes Wesen, weniger dagegen viele Worte um nichts und große Posen. Aber wie man weiß, Ausnahmen lässt die Regel immer zu.
Eine besondere Eigenschaft zeichnet seit vergangenen Zeiten wohl alle Insulaner aus, hat auch manchen Kurgast erfasst, der seit vielen Jahren immer wieder die Insel besucht. Es ist die tiefe Verbundenheit mit der Heimatinsel, dem neuen Zuhause oder dem Urlaubsziel. „Hartsär hett he. Na de Dünenrosen, Noordsee wild un gruuf" und „Nördernee, du holst dien Minsken isern fast!" („Heimweh hat er. Nach den Dünenrosen, Nordsee wild und rau" und „Norderney, du hältst deine Menschen eisern fest!") – so die Norderneyerin Frieda Schipper-Smid in ihrem „Dünenrosenleed".
Bereits 1825 stellte der junge Heinrich Heine fest: „Das Seefahren hat für diese Menschen einen großen Reiz; und dennoch, glaube ich, daheim ist ihnen am wohlsten zu Mute. Sind sie auch auf ihren Schiffen sogar nach jenen südlichen Ländern gekommen, wo die Sonne blühender und der Mond romantischer leuchtet, so können doch alle Blumen dort nicht den Leck ihres Herzens stopfen, und mitten in der duftigen Heimat des Frühlings sehnen sie sich wieder zurück nach ihrer Sandinsel, nach ihren kleinen Hütten, nach dem flackernden Herde, wo die Ihrigen, wohlverwahrt in wollene Jacken, herumkauern und einen Thee trinken, der sich von gekochtem Seewasser nur durch den Namen unterscheidet, und eine Sprache schwatzen, wovon kaum begreiflich scheint, wie es ihnen selber möglich ist, sie zu verstehen."
Der Urlauber lernt die Insel nur für wenige Tage im Jahr kennen, die meisten ohnehin nur im Sommer und selten im Herbst und Winter. Dann treibt auch der Novembersturm die Insulaner in die Häuser, wo sie näher zusammenrücken und es sich in den eigenen vier Wänden mit Tee oder Grog gut gehen lassen. November und Februar sind Monate, in denen die Insulaner unter sich sind. Es ist aber auch die Zeit, in der für die nächste Saison gebaut und renoviert wird.
Auf einer Insel zu leben kann sehr reizvoll sein, wenn man akzeptiert, auf engem Raum zu leben, sich im Sommer die Insel mit vielen Menschen teilen zu müssen und dass die kleinen Fluchten aus dem Alltag zumeist vor der eigenen Haustür stattfinden. Nicht alle halten dies für erstrebenswert. Wem die Insel Heimat oder Zuhause ist, der lässt sich schwer davon überzeugen, dass es woanders schöner und lebenswerter ist.

Norderneyer Fischerleute mit ihren Familien in inseltypischer Arbeits- und Alltagskleidung sowie in Inseltracht. „Lebensart, Sitten, Gebräuche und Sprache ähneln auf Norderney denen der übrigen Bewohner der Nordseeinseln. Die Norderneyer sind ein derbes, guthmütiges, ehrliches und treuherziges Völkchen, unverdorbene Kinder der Natur ... Einfaches Leben und die kräftige Meerluft erhalten die Meisten gesund, und wer von den Männern nicht früh auf der See verunglückt, wird in der Regel alt", so beschrieb Ernst Willkomm die Einwohner der Insel 1846, die auch heute noch häufig ein hohes Alter erreichen.

Vogel (1750–1837), Professor der Medizin in Rostock, konnte Großherzog Friedrich Franz I. von Mecklenburg-Schwerin vom Nutzen, von den Vorteilen und den finanziellen Gewinnmöglichkeiten eines Seebades überzeugen.
Während dieser Zeit beherbergte auf Norderney der Vogt Feldhausen in den Sommermonaten schon einige „mit Gicht und Ausschlägen behaftete Kranke“, die auf Anraten ihrer Ärzte hier Seebäder nahmen. Feldhausen bot im Mai 1797 den ostfriesischen Provinzialständen die Einrichtung eines Seebades an. Zur gleichen Zeit wurde den Landständen ein ähnlich lautendes Gutachten präsentiert, das wahrscheinlich von Friedrich Wilhelm von Halem verfasst worden war.
Dieses am 17. Mai 1797 den Landständen vorgelegte Gutachten fand die Zustimmung der Versammlung, worauf der Vorsitzende der Landstände, Freiherr von Inn- und Knyphausen (Lütetsburg), die Insel Norderney für eine Seebadeanstalt empfahl. Als vorteilhaft wurde angesehen, dass die Insel einen flachen Strand hat, dass sie nahe am Festland liegt, dass sie täglich mit Nahrungsmitteln versorgt werden kann und alle Bedürfnisse der Patienten befriedigt werden können. Zeichnungen wurden angefertigt, und im Sommer reiste von Halem nach Heiligendamm, um die dort vorhandenen Einrichtungen zu besichtigen. „Die Verschiedenheit der Locale, macht also bei uns eine ganz abweichende Einrichtung nöthig“, so sein Resümee. Im Oktober 1797 genehmigte König Friedrich Wilhelm II. von Preußen (1744–1797) die Einrichtung eines Seebades auf Norderney. Die veranschlagten Kosten erwiesen sich aber als zu hoch, so dass nun die Einrichtung eines Seebades in Norddeich erwogen wurde. Bis Anfang 1800 zogen sich die Gespräche und Planungen hin, dann war die Entscheidung für Norderney gefallen. Hauptgründe dafür waren: Die Reinheit und der hohe Salzgehalt des Seewassers bei der Insel, dagegen ist das Wasser an der Küste mit „vielem Schlamm vermischt, welcher dasselbe zum Baden untauglicher und unangenehmer macht“; die reine, „stark mit Sauerstoff, dem Hauptprincip des Lebensreizes, geschwängerte Luft“ sowie der flach in das Wasser abfallende, feste Sandstrand.
Im Frühjahr 1800 wurde mit dem Bau eines einfachen Conversationshauses zum Aufenthalt der Gäste begonnen. Nach dem Muster der Badekutschen von Deal/England wurden drei Badekarren beschafft, ein Fährschiff wurde am Norddeich bereitgestellt und eine Musikantengruppe engagiert.
Man darf hier aber keinen mit „allen Erzeugnissen der Weichlichkeit und des Luxus versehenen Badeort“ erwarten, wie von Halem (1801) mitteilte, „wer aber mit einer frugalen aber gesunden Bewirthung, einer geselligen angenehmen nicht splendiden Unterhaltung und einfachen Befriedigungen physischer und ästhetischer Bedürfnisse zufrieden sein kann, der wird, wenn er die Hauptabsicht nicht aus dem Auge verlieret, eben keine Ursache sich zu beklagen finden.“ Weiter merkt von Halem an, dass das Baden im Meer und die Luft nicht allein zu Erholung und Gesundheit führen. Auch die „Befreiung von Geschäften und Sorgen in einer unterhaltenen, durch gleiche Zwecke vereinigten Gesellschaft und das Bestreben seine Tage hier vergnügt zu verleben, kann oft mehr zur Erheiterung der Seele und dadurch als Folge zur Gesundheit beitragen“. Ein sehr moderner Standpunkt, nur im Vergleich zu heute waren die Möglichkeiten sich zu vergnügen damals doch recht eingeschränkt. Abwechslung boten Teestunden, Konzerte, Tanzveranstaltungen, Glücksspiel sowie Billard im Conversationshaus, wo auch einige Zeitungen und Journale auslagen, ferner Ausflüge zu den Nachbarinseln, Ausritte am Strand sowie das Schießen auf Seevögel, Delphine und Robben. „Der Verehrer der Natur hat Gelegenheit durch Aufsuchen der verschiedenen Seeprodukte, welche die Fluth täglich in Menge auf den Strand wirft, manche müßige Stunde nützlich zu vertreiben.“ Viel Zeit wurde mit Promenieren verbracht, der Gast wollte auch damals schon „sehen und gesehen werden“.
Zunächst im „Amtsblatt für Ostfriesland“, ab 1868 dann in der „Norderneyer Badezeitung“ konnte man nachlesen, wer sich auf Norderney aufhielt und wo er Quartier genommen hatte. Hervorgehoben wurde bis 1865 immer die königliche Familie aus Hannover,

Die Bismarckstraße mit der prächtigen Fassade des Kaiserhofs (rechts), „Ia. Grösstes und vornehmstes Hotel am Platze. Mit allem Komfort ausgestattet.“ Nicht weniger vornehm waren die Bremer Logierhäuser (links): „Herrliche Fernsicht nach der See. In 14 Villen 200 Zimmer“, wie der Badeprospekt des „Königlichen Nordseebades“ 1913 mitteilte.

später waren es die Mitglieder des preußischen Königshauses, der kaiserlichen Familie sowie andere Personen des Hochadels. Weniger auffällig waren die Aufenthalte von Dr. jur. Heinrich Heine aus Göttingen (1825, 1826, 1827) oder von Wilhelm von Humboldt aus Berlin (1831, 1832, 1833), Gründer der Berliner Universität, der „auf Stunden" am Strand spazieren ging und durch das Bad ein „Gefühl der allgemeinen Belebung und Erfrischung, die Freiheit des Kopfes und die Leichtigkeit in allen Gliedern" verspürte. Da besuchte 1844 der Gutsherr auf Kniephof, Otto von Bismarck, die Insel, schob mit riesenhaften Kugeln die Kegel, verbrachte die Zeit mit Whist und Pharao-Spielen, „moquirte und hofirte" mit den Damen, spazierte am Strand, aß Austern, schoss Kaninchen, tanzte abends ein bis zwei Stunden lang. Bei seinem zweiten Besuch auf der Insel, 1853, regnete es viel. Die Mitreisenden blieben in ihren Unterkünften, und Bismarck fand „Gottes See-Sandbüchse" schauderhaft. Theodor Fontane, Apotheker, Journalist und Schriftsteller, kam 1880 für einen Tag, 1882 und 1883 für mehrere Wochen ins Seebad. Er arbeitete sehr viel, ernährte sich zumeist von „Gerstensuppe" und stellte fest, „daß das Meer nur an seinen Sturmtagen entzückend ist; so wie Ruhe eintritt, ist es eigentlich langweilig." Mit dem Aufenthalt von Reichskanzler Bernhard von Bülow, der Norderney von 1900 bis 1914 jährlich besuchte, rückte das Nordseebad stärker in das Blickfeld von Diplomaten und deutscher Reichspolitik.

„Einer der treuesten Anhänger und Gönner Norderneys ist der deutsche Reichskanzler, Fürst Bülow, der alljährlich das Insel-Paradies an der Nordseeküste aufsucht, um hier von den aufreibenden Geschäften der Staats-Regierung auszuruhen und neue Kräfte zu sammeln." Das Foto aus dem Jahr 1908 zeigt die Begrüßung des Fürstenpaares durch den Gemeindevorsteher Dr. Uhde.

Wenige Tage nach Ausbruch des Ersten Weltkriegs wurde die Seebadeanstalt geschlossen. Der Krieg veränderte die gesellschaftlichen Verhältnisse in Deutschland, damit waren auch die alten Werte, Traditionen und Vorlieben für große Teile der Bevölkerung fragwürdig geworden. Wirtschaftsflaute, hohe Arbeitslosigkeit, Regierungskrisen – auch für ein Seebad ungünstige Umstände. Erst Mitte der zwanziger Jahre nahm die Zahl der Badegäste im Preußischen Staatsbad Norderney wieder zu. Zuschüsse und Fördermittel erlaubten den Bau und die Sanierung von Badeeinrichtungen. Jedoch an die vormals „goldenen Zeiten", an die Eleganz und Exklusivität des „Mode- und Weltbades" konnte man nicht mehr anschließen.

Erst 1938 wurden die Besucherzahlen des Jahres 1911 wieder erreicht. Unter den Besuchern waren Tausende, die von der Deutschen Arbeitsfront zu „Kraft durch Freude" an die See geschickt wurden, Arbeiter und Handwerker der „NS-Volksgemeinschaft", die vormals nicht unbedingt zu den Besuchern der Seebäder gehörten.

Wer nicht mehr kommen durfte, das waren nach 1933 die jüdischen Badegäste. Sie hatten vor dem Ersten Weltkrieg bevorzugt Norderney aufgesucht, was der Insel in völkischen Kreisen den Beinamen eines „Judenbades" einbrachte. Seit Jahrzehnten auf der Insel ansässige jüdische Restaurantbesitzer, Schlachter, Hoteliers und Händler mussten nach 1933 schließen, wurden drangsaliert, deportiert und ermordet. Nur wenige überlebten den Holocaust.

Am 1. September 1939 begann der Einmarsch der Deutschen in Polen und damit der Zweite Weltkrieg. Die große Abreise der Badegäste setzte ein. Dafür kamen Soldaten, die bei den Marinefliegern auf dem Seefliegerhorst oder bei der Marineartillerie eingesetzt wurden, um Norderney sowie den westlichen Teil der Deutschen Bucht zu verteidigen. Die Insel, über die nach 1942 die großen Bomberflotten der Alliierten hinwegzogen, blieb von großen Angriffen verschont. Soldaten der 1. Kanadischen Armee besetzten sie im Mai 1945 ohne den Einsatz von Waffen.

Von 1946 bis 1951 richtete die britische Besatzungsmacht auf Norderney ein Erholungszentrum für Soldaten und deren Familien ein. Dazu wurden die größeren Hotels der Insel, das Kurhaus, der Golfplatz und Weststrand sowie andere Einrichtungen beschlagnahmt. Aber auch die ersten deutschen Gäste reisten wieder an, mit Kartoffeln, Tee, Zigaretten, Alkohol und anderer Mangelware im Gepäck, um sich zu verpflegen und die Unterkunft zu bezahlen, Menschen aus den zerstörten deutschen Städten, die für wenige Tage etwas Sonne und Hoffnung tanken wollten. 1948 erhielt Norderney die Stadtrechte, 1947 bereits die Anerkennung als „Staatlich anerkanntes Nordseeheilbad".

1951, Norderney war nun niedersächsisches Staatsbad, begann mit erheblicher Förderung des Landes der Ausbau zu einem modernen Kur- und Urlaubsort. 1959 besuchten erstmalig mehr als 100 000 Besucher das Nordseeheilbad.

Zum 1. Januar 2003 hat das Land Niedersachsen das Staatsbad Norderney, das zuvor mit Bad Pyrmont und Bad Nenndorf eine Bäderbetriebsgesellschaft bildete, der Stadt Norderney übertragen. Damit ist ein neues Kapitel in der Geschichte des Seebades Norderney aufgeschlagen.

Dr. Gustav Stresemann (1878–1929), Reichskanzler, Außenminister und Friedensnobelpreisträger (links), hielt sich 1925 und 1927 für mehrere Wochen „zum Kurgebrauch" auf der Insel auf.

Blick in die Strandstraße um 1900. Aus dem Sandweg, an dem um 1878 Fischer- und kleinere Logierhäuser standen und mit Lattenzäunen umfriedete Vorgärten für Abstand sorgten, war nun eine Einkaufsmeile geworden, einer Straße im orientalischen Souk nicht unähnlich. Bei dem Gebäude im Hintergrund, auffällig durch seine Türme im Pagodenstil, handelte es sich um das „Elefantenhaus“ der Firma Onno Behrends aus Norden, die neben dem Teegeschäft in diesem Haus eine „Japan- und China-Waaren-Handlung“ betrieb. Denn „Deutsch-Nationales, Türkisches, Chinesisches“ liebte die feine Kundschaft um die Jahrhundertwende.

Der Strandkorb war schon damals mehr als nur ein Wetter- und Windschutz: Bleibe am Meer oder Salon im Sand.

1932 verabschiedeten „Zwickelerlass“ zu begegnen. Der Badeanzug musste Brust und Leib an der Vorderseite des Oberkörpers bedecken, unter den Armen fest anliegen sowie mit angeschnittenen Beinen und einem Zwickel versehen sein. Männer mussten eine entsprechend geschnittene Badehose tragen. 1949 begann der Siegeszug des Bikinis, an Stoffknappheit dann nur noch vom Tanga unterboten.

Neben dem Bad im Meer gehört insbesondere der Aufenthalt in frischer Seeluft zu den Heilfaktoren, die eine günstige Wirkung auf die Leistungsfähigkeit und die Widerstandskraft des Körpers ausüben und bei einer Reihe von akuten und chronischen Krankheiten gute Heilerfolge zeigen. In einem Prospekt des „Königlichen Nordseebades Norderney“ aus dem Jahr 1911 ist Folgendes nachzulesen: „Wir sehen, wie die schlaffen, müden Gesichtszüge der bleichsüchtigen Mädchen einen frischen, lebhaften Ausdruck, ihre Bewegungen eine Elastizität und Spannkraft gewinnen, die wir vorher bedauernd an ihnen vermissten. Verweichlichte und verzärtelte Muttersöhnchen bemerken zu ihrem eigenen Erstaunen sehr bald, daß sie der umhüllenden Tücher, Plaids und Decken nicht mehr bedürfen, daß der unausgesetzte Aufenthalt in frischer Luft ... sie fast ohne ihr Zutun kräftigt und abhärtet.“

Die Luft am Meer ist staub- und pollenärmer als auf dem Festland, sie enthält mehr Feuchtigkeit und hat dicht an der „Wasserkante“ einen hohen Gehalt an Salzteilchen (Aerosol). Der Klimawechsel reicht oft schon aus, um an Asthma und an Hautkrankheiten leidenden Menschen ein beschwerdefreieres Leben zu bereiten.

Der Strandkorb ist das wichtigste Möbelstück am Strand und macht den Aufenthalt angenehmer. Als Erfinder gilt der Rostocker Korbmacher Wilhelm Bartelmann, der 1882 für eine rheumakranke Dame solch eine Sitzgelegenheit für den Warnemünder Strand schuf. Da standen aber bereits seit etwa 1870 zahlreiche Strandkörbe an den Stränden von Norderney und Scheveningen/Holland. Der Strandkorb hat den Aufenthalt am Strand verändert. In der „Norderneyer Badezeitung“ aus dem Jahr 1872 ist nachzulesen: „Die Strandkörbe, welche besonders nachmittags stark benutzt werden, tragen wesentlich dazu bei, ein eigentliches Strandleben zu entwickeln. Während man sonst nur Spazierengehen konnte, findet sich jetzt bequeme Gelegenheit

zur Niederlassung und wird von den Damen gern zur Beschäftigung mit Handarbeiten, Lectüre u.s.w. benutzt, dabei spielen die Kinder umher, Parthieen zu Wagen oder zu Esel ziehen vorüber – kurz: das Ganze gewährt ein buntes, interessantes und freundliches Bild.“ Mit Strandburgen schufen die Badegäste sich einen Grenzwall zum Nachbarn. Heute sind Sandburgen, in deren Mitte sich der angemietete Strandkorb befindet, an den Stränden der Insel verboten, denn die Burgen verhindern bei Sturmfluten eine schnelle Bergung der Sitzmöbel.

Vor dem Ersten Weltkrieg gehörten zum Strandleben auch die „Blau-Weiß-Blaue Union“ sowie andere Jugendkompanien. Es handelte sich um Jugendwehren von Gästekindern, deren Zweck es war, „durch sportliche und turnerische Übungen ihre Mitglieder zu stärken, ihnen Interesse für das Heerwesen beizubringen, die Liebe zu Kaiser und Reich zu pflegen“. Die Union stand unter der Leitung von gedienten Soldaten, ihre Übungen wurden nach dem neuesten Exerzierreglement der Infanterie ausgeführt. Am Strand könne man auf den Parademarsch verzichten, so ein aufmerksamer Badegast, wichtiger wären Felddienstübungen, aber auch ein Biwak in der Meierei oder beim Leuchtturm. Die Übungen der Jugendwehr sorgten am Strand für Unruhe. Besonders dann, wenn sich verschiedene Kompanien untereinander bekämpften, wobei Verletzungen nicht ausblieben. Im Interesse der öffentlichen Ruhe und Sicherheit wurde angedroht, bei „derartigen vorkommenden Ausschreitungen die Schuldigen vom Strand zu entfernen“.

Statt Kriegsspielen werden heute an den Badestränden der Insel Sportwettbewerbe veranstaltet: White Sands Festival, Deutsche Meisterschaften im Windsurfen, Beach-Soccer-Fun-Cup, Beach-Handball, Beach-Volleyball, Strandsegeln und Drachenflug.

Auf Norderney sind vier Strandabschnitte als Badeplätze ausgewiesen, die unter der Aufsicht eines Strandkapitäns stehen: das Westbad mit Familienstrand und Kinderspielplatz, das Nordbad zwischen dem Januskopf und dem Jugendwerk „Detmold“, das Ostbad „Weiße Düne“ sowie der FKK-Strand. Besonders die Ostbäder haben einen sehr breiten Strand, dazu auch eine ausgezeichnete Gastronomie, und am FKK-Strand gibt es eine Strandsauna.

Mit der Anmietung eines Strandkorbs verschaffte sich der Gast einen Anspruch auf ein Stückchen Strand. Damit nicht genug, wurde dieses Territorium zum Nachbarn mit hohen Sandwällen abgeschirmt. Unter der wärmenden Sonne musste der herabrieselnde Sand der Strandburg immer wieder stabilisiert werden, was mit Schaufel, Gießkanne oder Eimer ausgestattete Männer und Kinder auch noch heute beschäftigt. Aufnahme von 1957

Strandleben bei der Strandkorbkolonie am Weststrand,1900. Außer der Mode hat sich nicht viel geändert. Gestern wie heute buddeln Kinder gern im Sand.

Die Strandbäder „Weiße Düne“ und „FKK-Strand“ gehören zur „Sandkiste“ der Insel, was bedeutet, dass hier der meiste von der Strömung und vom Wellengang transportierte Sand anlandet. Dem Strand sind deshalb an manchen Stellen große Sandbänke vorgelagert – von der Insel durch Strandpriele getrennt –, wo die Brandung besonders stark, andererseits in den Strandprielen ruhiges Wasser vorhanden ist, für Kinder ideal zum Baden. Mehr als die Hälfte der Norderneyer Badegäste bevorzugen mittlerweile die östlichen Badeplätze, die gut mit dem Bus, dem PKW sowie dem Fahrrad zu erreichen sind.

A
108

„Flagge zeigen" und farbige Vielfalt der Strandkörbe am Nordbad: Nur wenige hundert Meter trennen Quartier und Strandvergnügen. Neben dem Bad im Meer und Sonnetanken gehören dazu auch immer Sport und Spiel. Was für die Kleinen Schaufel und Eimer sind, ist für den Erwachsenen zur Zeit der Lenkdrachen. Das alljährlich am Weststrand stattfindende Drachenfest hat sich zum „Fest der Sinne" entwickelt, wenn sich abends die Drachen angeleuchtet im Rhythmus der Musik wiegen, Illuminationen und ein Feuerwerk den Nachthimmel zum Leuchten bringen. Das „White Sands Festival" der Surfer am Nordstrand sowie Beach-Volleyball-Meisterschaften und Beach-Soccer-Turniere locken besonders viele junge Leute auf die Insel.

Der Weststrand mit der Kulisse der alten Strandvillen sowie der Badehalle mit „Giftbude“ wird besonders von Familien mit kleinen Kindern bevorzugt. Der unmittelbar dem Seegat vorgelagerte Strand hat eine weniger starke Brandung, dafür aber einen guten Ausblick auf die an- und abfahrenden Inselfähren, den Bootsverkehr und am Nachmittag auf die in Reihe auslaufenden Norddeicher und Greetsieler Krabben- und Fischkutter.

Ein Spaziergang durch die Straßen Norderneys gleicht einer Zeitreise. Vor fast zwei Jahrhunderten wurden die ältesten Gebäude, Denkmäler und Sehenswürdigkeiten errichtet. Dies ist im Vergleich zu Städten auf dem Festland nur eine kurze Zeitspanne, wo historische Gebäude, Kirchen und Befestigungen teilweise aus dem Mittelalter stammen. Auf den Ostfriesischen Inseln haben starke Sturmfluten wiederholt große Verwüstungen angerichtet, auf manchen Inseln musste sogar der Ort aufgegeben und dem Meer überlassen werden. In erster Linie ist es aber der Fremdenverkehr, der die überlieferte Bausubstanz und Ortsstruktur verändert hat. Obwohl viele aus heutiger Sicht bauhistorisch wertvolle Gebäude der Abrissbirne zum Opfer gefallen sind, ist doch auf Norderney sehr viel an historischer Bausubstanz erhalten geblieben. Noch sind die ehemaligen Strukturen des Inseldorfes im Ortsbild erkennbar, und die Erschließung und der Ausbau des Ortes in den verschiedenen Epochen lassen sich aufspüren.

Der Besucher, der die Fähre mit dem Auto verlässt, wird kaum bemerken, dass er eigentlich über ehemaliges Flugplatzgelände fährt. Das Haus „Norderoog“, 1918 als Offiziersheim fertiggestellt, gehört zu den baulichen Überresten der bereits im Ersten Weltkrieg errichteten Seeflugstation. Auf dem Gelände der ehemaligen großen Flughallen erstrecken sich heute die Wohngebiete „Alter Horst“ und „An der Reede“ . Zwischen den Kriegen dienten die vor der Demontage bewahrten Fluganlagen dem Seebäderflugdienst, aber auch der geheimen Erprobung neuer Flugzeugtypen und der Ausbildung von Fliegerpersonal. 1922 erfolgte die Gründung der noch heute bestehenden „Flughafen Norderney GmbH“, damals aber unter der Beteiligung des Landes Bremen und des Lloyd-Luftdienstes. Es war geplant, die Seeflugstation („Bremer See“) für den Fernverkehr nach Nordamerika, nach Skandinavien und England auszubauen. 1935 übernahm die Luftwaffe den Flugplatz und baute ihn zum Seefliegerhorst aus. Für die Flugabfertigung der Lufthansa wurde der „Luftbahnhof“ an der Bülowallee erbaut, der sich heute unter dem Obergeschoss vom Haus „Bergisch-Land“ befindet.

Die heutige Hafenstraße führt über den ehemaligen Pferderennplatz, und der Gehweg vom Hafen zur Stadt folgt dem alten Fahrdamm zur Landungsbrücke, die das Be- und Entladen der Schiffe, insbesondere auch das Anlegen der Seebäderdampfer erleichterte. Die 1871 errichtete Eisenbrücke wurde mit dem Bau eines Hafens überflüssig.

Das südlich der Marienstraße liegende Gelände ist erst vor etwa einem Jahr-

Die Reede mit den bei Ebbe trockengefallenen sowie im tieferen Wasser ankernden Fischerbooten. Rechts die 1871 östlich des Südstrandes errichtete eiserne Landungsbrücke. Im Schutz des 1873/74 errichteten hochwasserfreien Fahrdamms wurde zur gleichen Zeit mit dem Bau eines Hafens begonnen.

hundert dem Meer abgerungen worden. Bis dahin war hier die Reede (Rhede) von Norderney – der Liegeplatz der Fischereiflotte. Bis zum Bau der Landungsbrücke mussten die Fährschiffe und Seebäderdampfer im tiefen Wasser des Riffgates ankern. Auf festes Land kamen die Passagiere, indem sie in ein kleineres Boot, das längsseits ging, umstiegen oder sich von einem hochrädrigen Wagen an Land bringen ließen. „Einwohner, welche Lebensmittel vom festen Lande herüberschafften, wie auch viele der unbemittelten Badegäste, die kein Boot bezahlen mögen, (machten) diesen Weg zu Fuß. Und so sahen wir denn mit einem Male ganze Familien sich lustig des untern Teils ihrer Garderobe entledigen und Männer und Weiber mit Kindern und Bündeln auf dem Rücken bis an die Hüften im Wasser in dem unermesslichen Ocean einherschreiten", berichtet Professor Karl Schulz aus Halle 1813.

Heute kommt jeder trockenen Fußes auf die Insel, muss aber im Gegensatz zu früher am Ortseingang auf eine Begrüßung durch die Prager oder böhmischen Musikanten verzichten. Dieser ehemalige Ortseingang wird beherrscht durch den Altbau der „Nordseeklinik", ehemals Hotel „Bellevue", und das gegenüberliegende „Haus Schiffahrt", ursprünglich Gepäckhalle der Bahnspedition und Bürohaus der Reichsbahn. In dem restaurierten Gebäude befindet sich die Verwaltung der AG Reederei Norden-Frisia.

Hinter dem Grün der Einfahrtsallee verbirgt sich der Zugang zum Kurhaus, vor dessen Front man sich nach wenigen Metern befindet. Ein weißes Gebäude mit klassizistischer Fassade, aufgelockert durch den aus dorischen Säulen gebildeten Eingang, dazu Walzerklänge des Kurorchesters, vermischt mit dem Rauschen der Bäume und dem Wehen des Windes – so muss es auch schon vor vielen Jahrzehnten gewesen sein, worüber sich leicht bei einer Tasse Tee oder einem Kaffee im gegenüberliegenden „Kurcafé" nachsinnen lässt.

Das Kurhaus, ehemals das Königliche Conversationshaus, gehörte zu den ersten Gebäuden und Einrichtungen der Badeanstalt und konnte bereits zur Saison 1800 teilweise genutzt werden. Das erste Gebäude war noch ein Fachwerkbau mit Stroheindeckung, darin ein Saal, ein Billardzimmer und eine Leihbibliothek. 1822 erfolgte der Abriss, und man begann mit dem Bau eines massiven Gebäudes, das auch in den nachfolgenden Jahrzehnten immer wieder verändert und erweitert wurde. Die heutige Ansicht ist während des Umbaus im Jahre 1840 entstanden, 1856 erfolgte dann der Bau des östlichen Flügels, in dessen Obergeschoss die Wohnung des Königlichen Badekommissars lag. Dem Badekommissar,

Das Dampfschiff „Roland" des Norddeutschen Lloyd, 1857 erstmalig im Seebäderdienst nach Norderney eingesetzt. Pferdedroschken warten im flachen Wasser des Südstrandes auf das „Debarkieren", wie die Übernahme der Passagiere und der Transport bis zum Konversationshaus bezeichnet wurden.

bis 1918 immer ein Adliger, unterstand während der Badesaison der gesamte Betrieb der Seebadeanstalt, sein Geschäftsführer war der Badeinspektor.
Das Conversationshaus war der Mittelpunkt der Badegesellschaft und diente als Treffpunkt, Speiserestaurant und Spielcasino. Dort fanden Tee-Nachmittage, Konzerte, Soireen und Tanz-Reunions statt; dort sang auch die „schwedische Nachtigall", Jenny Lind, vor den Königlichen Hoheiten.
Während der holländisch-französischen Besatzungszeit (1806–1814) dienten Kurhaus und das benachbarte Badehaus als Kaserne und Magazin und waren nach dem Auszug der Franzosen ziemlich ruiniert. Am 9. November 1918 versammelten sich vor dem Kurhaus unter der roten Fahne der Revolution die auf Norderney stationierten Soldaten, die Arbeiter und Einwohner der Insel. Ab 1933 diente das Kurhaus als Kulisse für nationale Kundgebungen und Führerhuldigungen, und nach 1939 trafen sich darin die Soldaten beim Varieté und Wunschkonzert, bis im Mai 1945 ein britischer Militärlastwagen den Rasen des Kurplatzes zerfurchte.
1946 übernahm die BAOR (British Army of the Rhine) die wichtigsten Kureinrichtungen, darunter auch das Kurhaus, in dem ein vornehmes Tanzlokal eingerichtet wurde, das aber nur gelegentlich Deutschen zugänglich war. Im Sommer 1947 feierte das Nordseebad sein 150-jähriges Bestehen. Im Kurhaus fanden wieder Tanzturniere, der Bäderball und das Dahlienfest statt, und in der „Oase – Das intime Tanzkabarett" sorgten Friedel Hensch und die Cypris für Stimmung. Evelyn Künnecke, gefeierter Ufa-Star, trat auf, und im Kurtheater spielte man „Land des Lächelns". Das sollte es wieder werden, obwohl es in den ersten Nachkriegsjahren gar nicht danach aussah.
Im Ostflügel des Kurhauses befindet sich die Spielbank. Schon General Gebhard Leberecht von Blücher, der „Marschall Vorwärts" in den Befreiungskriegen gegen Napoleon, hatte hier mit Hazard-, Pharao- und dem Würfelspiel seiner Spielleidenschaft gefrönt. Im Foyer des Kurhauses finden während der Saison Kunstausstellungen statt, und in den Leseräumen liegen zahlreiche Tages- und Wochenzeitungen aus. Die Bedeutung des Kurhauses für das gesellschaftliche Leben auf der Insel ist heutzutage nicht mehr so groß, dazu fehlen die Anlässe, und mit dem „Haus der Insel" ist ein neuer Veranstaltungsort entstanden.
Das Kurhotel, einst das Große Logierhaus oder auch das Palais genannt, war von 1837 bis 1865 die Sommerresidenz des hannoverschen Kronprinzen Georg, ab 1851 König von Hannover. 1836 war der damals 17-jährige Herzog von Cumberland das erste Mal nach Norderney gekommen und wohnte zunächst im Sommerhaus des Grafen von Knyphausen. Seit seinem 14. Lebensjahr völlig erblindet, sollte er auf Norderney neuen Lebensmut schöpfen, sich erholen und sich vor allem als geeigneter Thronfolger beweisen. Die Begleiter des Herzogs konnten König Ernst August (1771–1851) mitteilen, dass sein Sohn sich prächtig erhole, bereits viele Male im Meer gebadet habe, sich trotz seiner Behinderung sicher gebe und sich wegen seiner Liebenswürdigkeit großer Beliebtheit und Achtung erfreue. Georg gefiel es auf Norderney so gut, dass er auch für das kommende Jahr seinen Besuch ankündigte. Daraufhin wurde mit dem Bau des Großen Logierhauses begonnen, das nun „zur Unterbringung fürstlicher Personen in passender Weise" dienen sollte.
1842 wurde Georg auf Norderney mit der Prinzessin Marie von Sachsen-Altenburg bekannt gemacht, und 1843 fand die Hochzeit in Hannover statt. Am 21. September 1845 verkündeten Kanonenschüsse die Geburt des Thronfolgers Ernst August, 1848 wurde Prinzessin Friederike und ein Jahr später Prinzessin Mary geboren, die nun alle mit nach Norderney kamen. Dies kam auch den Norderneyer Kindern zugute, denn nun fanden Kinderfeste, Spiele und Ausflugsfahrten statt, für die der König tief in die Tasche mit Süßigkeiten griff.
Die Hofhaltung auf der Insel war bescheiden. Entsprechend einfach und unverkrampft war auch der Kontakt des Königs zu seinen Untertanen. Deren Wohl lag ihm sehr am Herzen, und die königliche Gunst half manchem Einwohner aus großer Not. Ebenso erwies sich die Nähe zum König für den Ausbau und die Entwicklung des Bades als förderlich.
Zum Gebäudeensemble des Kurplatzes gehört auch der Bazar, in dem sich das Kurcafé und die NorderneyCard-

In der Wilhelminischen Epoche entstanden im Gegensatz zu den backsteinernen Fischer- und kleineren Logierhäusern zumeist weiße Putzbauten im Stil des Historismus – hier das ehemalige Hotel Bellevue, welches 1886 erbaut wurde und in dem sich seit 1987 die „Nordseeklinik" befindet. Aufnahme von 1938

Information befinden. Das Bazargebäude, 1858 in Backstein erbaut und Ende der 1920er Jahre renoviert, geht auf eine Ansammlung von Bretterbuden zurück, in denen festländische Händler während der Badesaison ihre Waren feilboten. Auf der Westseite des Kurplatzes befindet sich der Hochbau des alten Wellenbades von 1931, in dem sich moderne Umkleide- und Duschbereiche, eine Sauna, Aufenthaltsräume sowie das Bewegungsbad befinden, an die das 1990 fertig gestellte Erlebnis- und Freizeitbad „Die Welle" anschließt.

Nördlich des Kurplatzes markiert das Inselhotel „König" die südliche Peripherie des alten Fischerdorfes. Das Hotel gehört zu den ältesten Beherbergungsbetrieben, denn hier stand das Haus von Vogt Feldhausen, der darin eine Schankwirtschaft, ein Hotel und einen Kramladen führte. 1868 wurde dieses Haus von August Schuchardt umgebaut, 1879 der Turm errichtet, aus dem früher um zwei Uhr zur Table d'hôte geläutet wurde. Zu den besonderen Gästen des Restaurants gehörten König Friedrich August III. von Sachsen sowie der Großherzog von Oldenburg. Heute ist im Frühjahr und im Spätsommer die Veranda des Hotels ein beliebter Treffpunkt von Clubreisenden.

Der Kurplatz mit dem Konversationshaus und dem Bazargebäude (rechts), um 1890. Neben einem ausgezeichneten Restaurant befanden sich in dem Gebäude ein Tanz-, Billard- und Lesesaal.

Ein architektonisches Kleinod ist wegen seiner neobarocken Innengestaltung das Kurtheater. Es war der Besitzer des Hotels „Deutsches Haus", Gustav Weidemann, der dieses Privattheater, wohl nach dem Vorbild des Opernhauses in Hannover, erbauen ließ. Mit dem Lustspiel „Der Herr Senator" begann im Juli 1894 die Theatersaison.

Nicht zu übersehen ist auf dem Vorplatz die Skulptur des sitzenden Heinrich Heine. So sehr auch der „Dichter der Nordsee" eine Erinnerung und Ehrung verdient, ein von Professor Arno Breker (1900–1991), Düsseldorf, geschaffenes Denkmal wollten viele nicht akzeptieren. So sehr sich Breker auch zum unpolitischen Künstler erklärte, seine Rolle als Hofbildhauer Hitlers blieb in Erinnerung. Trotz massiver Proteste von Künstlern, jüdischen Verbänden und anderen Organisationen beschloss der Stadtrat die Aufstellung der von der Gesellschaft Heinrich-Heine-Denkmal e.V. gestifteten Skulptur. Diese Aufstellung erfolgte bei „Nacht und Nebel" im Dezember 1983.

Bereits auf dem Kurplatz entsteht der Eindruck, dass Norderney eine helle Stadt ist. Die Erklärung ist weniger, dass die Sonne auf Norderney länger und häufiger scheint als auf dem Festland, oder dunkle Wolken schnell durch den Seewind vertrieben werden, sondern vielmehr, dass die meisten Häuser weiß oder pastellfarben gestri-

chen sind. Es sind zumeist Gebäude der Gründerzeit, der wilhelminischen Epoche, die während des „Baubooms" nach 1875 entstanden sind. Sie sind im Stil des Historismus gebaut oder haben einen neoklassizistischen Touch. Auch bei vielen modernen Putzbauten findet sich dieser helle Fassadenanstrich.

Diese weißen Gebäude sind über den gesamten Kernbereich der Stadt verteilt, in der Hauptsache aber im preußischen Quartier zwischen Friedrich- und Kaiserstraße anzutreffen. Straßennamen wie Heinrich-, Bismarck-, Roon-, Goeben- und Moltkestraße verraten die Bauepoche. Im ursprünglichen Dünen- und Gartengelände entstanden fast nur Hotels, Pensionen und Logierhäuser, denn die Bodenspekulation hatte die Baulandpreise so in die Höhe getrieben, dass einfache Wohnhäuser zu teuer waren.

Strandleben in der Strandkorbkolonie nahe dem Damenbad, um 1890. Das Gebäude im Hintergrund ist die Viktoriahalle, „in welcher sich während der Badezeit das schwache Geschlecht durch Lachs und Portwein, Honigkuchen und Knüppeltorte zu stärken pflegt".

Sinnbild der wilhelminischen Epoche ist das 1899 an der Friedrichstraße errichtete Kaiser-Wilhelm-Denkmal. „Predigen sollen diese Steine Kindern und Enkeln, Einheimischen und Fremden von dem Hohenzollernhause und von Kaiser Wilhelm dem Unvergesslichen", hatte Pfarrer Weber aus Mönchengladbach am Tag der Einweihung gesagt. Knapp zwanzig Jahre später war dieser Gedanke bereits von großen Teilen der deutschen Bevölkerung in Frage gestellt.

Auf der Insel befinden sich vier Kirchen: am Ortseingang zunächst die Neuapostolische Kirche, an der Friedrichstraße, neben dem Denkmal, die im Juli 1884 geweihte katholische Pfarrkirche und südwestlich von ihr die evangelische Kirche. Die katholische Kirche ist dem Apostel der Friesen, dem heiligen Ludgerus, geweiht. In der Goebenstraße steht die katholische Sommerkirche „Stella maris". Sie wurde vom Kölner Kirchenbaumeister Prof. Dominikus Böhm entworfen, als schlichter, würdiger und moderner Kirchenbau errichtet und 1931 geweiht. Das Altarbild, eine auf den Wellen wandelnde Maria und ihr zu Füßen der Norderneyer Leuchtturm, schuf der Maler Richard Seewald (1889–1976).

Unweit der katholischen Kirche, in der Schmiedestraße, befand sich die 1878 errichtete Synagoge. Ab 1933 war der Aufenthalt von Juden im Seebad unerwünscht und das Gebetshaus geschlossen. Im Juli 1938 erwarb ein Norderneyer Unternehmer die Synagoge und wurde dazu verpflichtet, die Fassade des Hauses so zu verändern, dass nichts mehr auf ein jüdisches Gebetshaus hinweist. Der Davidsstern war bereits 1933 entfernt worden. Eine Gedenktafel erinnert daran, dass sich in dem heutigen Restaurant einst eine Synagoge befunden hat.

Die im neugotischen Stil erbaute evangelische Kirche steht am Standort der alten Kirche aus dem 16. Jahrhundert, die im Laufe der Zeit zu eng geworden war. Zehn Jahre dauerten die Verhandlungen um den Neubau, bis „unter

Gottes Segen" und „durch Kaiserliche Magnificenz" am 11. Juni 1879, dem Tag der Goldenen Hochzeit des deutschen Kaiserpaares, die Kirche geweiht werden konnte.
Auf dem alten Kirchhof fand 1874 das letzte Begräbnis statt. Von den früher wesentlich zahlreicheren Grabdenkmälern, die meistens aber aus Holz gefertigt waren, sind etwa vierzig steinerne Stelen, gusseiserne Kreuze und Grabplatten erhalten geblieben. Ornamente, aber auch die Lebensgeschichte und die Todesumstände mancher genannten Person, machen die Stelen zu Zeugnissen von Steinmetzkunst, Friedhofskultur und Menschengeschichte.
Östlich der Kirchendüne erstreckte sich das alte Inseldorf, dessen Häuser bis zu Beginn des 19. Jahrhunderts entlang der Kirch-, Lange-, Oster-, Bäcker- und Wedelstraße sowie der Adolphsreihe standen. Bis 1840 bestand der Ort ausschließlich aus eingeschossigen Backsteinbauten, nur das Haus von Vogt Feldhausen sowie die Gebäude der Seebadeanstalt waren höher. Der Nachbau eines Fischerhauses steht im Argonnerwald und wird vom Heimatverein als Museum genutzt. Am östlichen Eingang des Wäldchens befindet sich die „Hochtiedsstuuv" des Standesamtes Norderney, in der geheiratet, aber auch die Hochzeitsnacht verbracht werden kann. Das Gebäude ist die ehemalige Königliche Bauverwaltung, vorher war es der Königliche Büchsen- und Pistolen-Schießstand.
Vom „Argonnerwald" gelangt der Spaziergänger beim Freibad auf die Promenade. Während des Ersten Weltkriegs haben auf Norderney stationierte Soldaten den Namen des französischen Gebirgszuges (Argonnen) auf das kleine Wäldchen übertragen. Am Freibad steht die ehemalige Wellenmaschine des 1931 fertig gestellten Wellenbades, mit der Wellenhöhen bis zu zwei Metern erzeugt wurden. Weniger auffällig ist der Überrest des ehemaligen Malerturms, Wohnhaus und Atelier des Norderneyer Seemalers Poppe Folkerts (1875–1949).
Ein Spaziergang auf der Promenade ist zu jeder Jahreszeit und bei jedem Wetter ein Vergnügen. Den Fähren nachzuschauen, die Norddeicher Kutter seewärts auslaufen zu sehen, dazu immer wieder neue Wellen- und Strömungsmuster auf dem Wasser, Drachen über dem Strand, in der Ferne Juist, Wolken und Sonnenuntergänge – an Eindrücken fehlt es hier nicht.
An der Promenade sind noch einige Strandvillen erhalten geblieben, zwischen diesen steht auch die 1872 erbaute ehemalige Weststation der Deutschen Gesellschaft zur Rettung Schiffbrüchiger mit dem darin stationierten Ruderrettungsboot „Fürst Bismarck". Die Strandvilla „Belvedere", 1871 von der Familie von Frese im Tudor-Stil

Der Bazar am Kurplatz, im Hintergrund das Hotel Schuchardt – Ansichtskarte um 1910. Im Obergeschoss befand sich das Logierhaus Bazar, betrieben von der Badeverwaltung, und im Untergeschoss eine Reihe eleganter Läden mit allem Erdenklichen „an Gebrauchsgegenständen und Andenken an Norderney".

erbaut und ab 1900 im Besitz der Familie von Wedel, bewohnte in den Sommern 1901 bis 1908 der deutsche Reichskanzler Bernhard von Bülow (1849–1929) mit seiner Frau. Von 1909 bis 1914 mieteten die Bülows dann die benachbarte Villa „Edda“ an. Diese Villa wurde zum Treffpunkt von Diplomaten, ausländischen Besuchern, Reichstagsabgeordneten, Bürokraten und Künstlern wie zum Beispiel dem Klaviervirtuosen Wassily Sapellnikoff aus Odessa, der sich mit den Bülows angefreundet hatte.

Sapellnikoff spielte auch vor dem russischen Ministerpräsidenten Graf Sergej Witte, der mit mehreren Staatsräten im Juli 1904 im Großen Logierhaus wohnte, in dem der letzte deutsch-russische Handelsvertrag vor dem Ersten Weltkrieg verhandelt wurde. 1906 besuchte unverhofft Kaiser Wilhelm II. den Reichskanzler auf Norderney. Seine Ankunft auf der Insel verzögerte sich etwas, denn bei der Fahrt durch das Fahrwasser lief die Barkasse „Sleipner“ auf eine Sandbank auf. Sie wurde erst nach einiger Zeit wieder flott gemacht, worüber der Kaiser sich wenig erfreut zeigte. Bei der Abreise Wilhelms II. standen etwa 900 Schulkinder Fähnchen schwenkend zwischen Ort und Hafen, dazu auch mehrere tausend Kurgäste. Unter „brausenden Hochs“ fuhr der Kaiser zum Hafen, bestieg die Barkasse, die mit langsamer Fahrt durch das Seegat dem ankernden Kreuzer „Leipzig“ zusteuerte. „Das Publikum war von dem hohen Fahrdamm an den herrlichen Strand geeilt, das Schiff soweit wie möglich, zu begleiten. Immer wieder ertönte das Hurra, als wollte es nicht enden.“ – Monarchenstunde auf Norderney. Nur wenige Tage später erhielt Bülow ein Telegramm, worin der Kaiser mitteilte: „Da das Fahrwasser nach Norderney hinein selbst für meinen kleinen ‚Sleipner‘ zu seicht war, habe ich den Regierungspräsidenten in Aurich – der dafür zu sorgen hat – per Telegramm einen gehörigen Wischer auf den Kasten gegeben. Vielleicht lassen Sie ihn auch mal kommen und polieren ihm den Bauch! Ein Weltbad soll das sein oder werden, und solche Zustände, das ist ein Skandal!“

Ein besonderer Ort an der Promenade ist die „Marienhöhe“. Immer schon ein hoher Aussichtspunkt am Weststrand der Insel, wurde die Düne von Königin Marie von Hannover zum „heiligen Berg“ der Heine-Verehrung erklärt. Heinrich Heine soll hier nicht nur die Aussicht genossen haben und inspiriert worden sein, sondern laut Hinweisschild auch dort sein Lied „Am Meer“ geschrieben haben, das von Franz Schubert vertont wurde. Noch vor 1850 ließ Marie auf der Düne einen hölzernen Pavillon errichten, der 1923 von dem Konditor Radtke durch einen massiven Bau ersetzt wurde. Marie pflegte an der Düne Picknicks zu veranstalten. Diese Kaffeekultur wird noch heute gepflegt.

Schuchardts Hotel in der Nähe des Kurplatzes. Im Vorläuferbau betrieb der Vogt Feldhausen den einzigen Gasthof der Insel. 1868 verkauften die Erben das Haus an August Schuchardt, der es zu „einem der besten Häuser am Platze“ ausbaute (heute Hotel König).

Im Juni 1866 besetzten preußische Truppen das Königreich Hannover. König Georg V. begab sich mit seiner Familie nach Österreich ins Exil. Er starb 1878 in Paris und wurde in Windsor/England bestattet.
An Norderneys Weststrand, zur Badezeit der Damen, signalisiert durch die aufgezogene rote Flagge auf der „Marienhöhe", landete Ende Juni 1866 eine Gruppe preußischer Marineinfanteristen. Die Soldaten stürmten die Marienhöhe hinauf, holten die rote Badeflagge ein und hissten die preußische Flagge. So wurde das Königlich-Hannoversche Seebad besetzt. Wenige Tage zuvor, des Nachts, war bereits der Königlich-Hannoversche Badekommissar Bock von Wülfingen von einem preußischen Kommando im Conversationshaus verhaftet und auf das ankernde Kanonenboot „Blitz" entführt worden. Die Norderneyer erwiesen sich sehr schnell als gute Preußen, so wie sie zuvor gute Hannoveraner gewesen waren. 1869 besuchte Kronprinz Friedrich (1831–1888), der nur 100 Tage regierende Kaiser Friedrich III., die Insel. Nach ihm ist die Friedrichstraße auf Norderney benannt.
Einen Seesteg hätten die meisten Einwohner und auch Gäste gerne wieder, der letzte war 1925 aufgebaut worden. Die Metallteile waren danach in den Hochofen gewandert, und aus dem Holz hatte die Badeverwaltung einige Baracken für den Strand anfertigen lassen. Anders als die englischen Piers oder auch die Landungsbrücken in den Ostseebädern, wurde der Norderneyer Seesteg seit 1895 im Frühjahr auf- und im Herbst wieder abgebaut. Der Steg diente der Luftkur, „um den feinen Brandungsstaub einzuatmen, der auf die Atmungsorgane einen so wohltätigen Einfluß übt". Auf den Plattformen, die sich beiderseits eines etwa 175 Meter in das Meer hinausgehenden Stegs befanden, konnten sich bis zu 1000 Menschen aufhalten. „Von den bequemen Sitzplätzen aus soll er glauben, die Reize einer Seefahrt zu genießen, ohne den Unbilden ausgesetzt zu sein."
Neben dem ehemaligen Zugang zum Seesteg befindet sich die „Milchbar". Der Rundbau war zunächst Verkaufspavillon und Nachrichtenbörse des Scherl-Verlages aus Berlin, ab 1935 „Milchbar", von 1945 bis 1951 „Tea- and Coffee-Room" der britischen Besatzungsmacht und seitdem wieder Café, Bistro und Restaurant. Von der Terrasse lässt es sich der im Meer versinkenden Sonne nachschauen, oder wenn man, wie von Halem 1815 schrieb, „in die See hineinsieht, würde man gerade zwischen Island und Norwegen durch das Ende des Weltmeeres sehen, wenn dieses ein Ende hätte und das Auge des Sterblichen zum Ausschauen des Unermesslichen gebaut wäre".

Als ganz besonderer Vorzug gegenüber anderen deutschen Nordseebädern wurde der 1895 erstmalig errichtete eiserne Seesteg angesehen. Gegenüber den mit Vergnügungspalästen aufwändig gestalteten englischen Piers wirkte der Steg bescheiden und diente allein der Luftkur über dem „brausenden Meer".

Die Bausaison auf der Insel beschränkt sich auf die Herbst-, Winter- und Frühjahrsmonate. In der übrigen Zeit soll der Gast nicht durch Baugerüste, Schmutz und Lärm gestört werden. Die Nachfrage nach Urlaubsquartieren – heute zumeist nach Ferienwohnungen – sowie das gute Einkommen fördern den Abriss alter Gebäude und den Neubau. An- und Ausbauten legen sich um die alte Bausubstanz. Langsam verändert sich ein in zwei Jahrhunderten entstandenes Ortsbild. Aber noch ist ein Spaziergang durch die Straßen eine Entdeckungsreise durch die Geschichte. Besonders in den kleinen Nebenstraßen und dem alten Kern des Dorfes erinnert noch manches kleine Wohnhaus an die herkömmliche Bebauung.

KURHAUS

Der Kurplatz mit dem Kurhaus ist der Mittelpunkt des Nordseeheilbades geblieben. Die Zeiten, wo sich in dem Konversationshaus ein exklusives Badepublikum zu Soireen, Reunions, zur Table d'hôte, zu rauschenden Ballnächten und vaterländischen Feiern versammelte, sind schon lange vorbei. Die im „Weißen Saal“ hängenden großen Gemälde der hannoverschen Könige weisen auf diese vergangene Zeit hin. Das Kurhaus mit seiner Vorhalle aus neuen Rundbogenarkaden auf dorischen Säulen gehört mit zu den bedeutendsten Profanbauten Nordwestdeutschlands. Bei schlechtem Wetter finden darin Kurkonzerte statt, auch größere Abendveranstaltungen und Feiern, zudem sind in dem Gebäude die Spielbank sowie Leseräume untergebracht.

N
200 Jahre
Seebad Norderney

Für verschiedene Events und Veranstaltungen ist das Kurhaus eine geeignete Kulisse. Dazu gehören seit Jahren die Kurplatzfeste mit Budenzauber und Feuerwerk sowie die „Night of the Proms“, aber auch das Hochsprung-Meeting und Dressurreiten. In der Silvesternacht versammeln sich vor dem Kurhaus viele Badegäste und Einwohner, um das alte Jahr zu verabschieden. In erster Linie gehört der Platz aber den Gästen, die der Kurmusik lauschen.

Die dem Meer zugewandte Fassade der ehemaligen Villa Hanebuth, 1893 erbaut und in früheren Jahren eine repräsentative Unterkunft exklusiver Badegäste, heute ein Familienerholungsheim. Auch die in der Nachbarschaft an der Promenade des Weststrandes erbauten Strandvillen „Olga“ und „Mathilde“ (heute das Hotel „Pique“) sowie „Contessa“ zeigen die Bauelemente des Historismus und gehören ihrer Bauform nach zu den Sommervillen. Nicht mehr sehr viele Gebäude zeigen mit ihren Loggien, Brüstungen, Veranden, Erkern, Säulen oder Türmchen das typische Inventar der Seebäderarchitektur.

Das Tonnengewölbe der evangelisch-lutherischen Inselkirche mit der Orgelbühne und den beidseitigen Emporen. Von der Decke hängt ein Votivschiff, wie es auch in 14 anderen Kirchen an der ostfriesischen Küste und auf den Inseln zu finden ist. Seit dem 12. Jahrhundert wurden diese Modelle echter Schiffe von Seefahrern den Kirchen gestiftet – als Dank für die Heimkehr, für die Bewahrung vor Sturm oder Rettung aus Seenot. Das abgebildete voll unter Segeln stehende Votivschiff ist ein dreimastiges Kriegsschiff, bestückt mit 34 Kanonen, das 1806 von E. H. Rass gebaut wurde. In der Kirche befindet sich noch ein zweites Schiff ohne Beseglung, das 1904 dort aufgehängt wurde.

Ab September werden die Tage und Nächte merklich kühler, stärkere Windlagen häufen sich, plötzlicher Seenebel oder Seerauch kann auftreten. Der Herbst kommt manchmal über Nacht, von einem Tag auf den anderen. Die Sommerhitze ist verschwunden, trotzdem ist eine angenehme Wärme spürbar. Auf den Inseln zeigt sich der „Indian Summer" mit einer Fülle von Grün- und Brauntönen der Dünengräser, Moose und Flechten, mit dem im Sonnenlicht silbrig glänzenden Strandhafer, den gelben bis rötlichen Farbtönen des welkenden Laubes der Birken, Pappeln, Ulmen, Erlen und des Ahorns sowie einer Palette von Rottönen beim Queller in den Salzwiesen. Der Sanddorn ist dicht mit gelb- bis goldfarbenen Beeren bestückt, als wäre darin die Sommersonne gespeichert. Die Herbstblumen in den gepflegten Gärten der Insulaner leuchten ein letztes Mal in ihrer ganzen Pracht. Das Licht hat sich verändert, die fahlen Farben des Sommers sind verschwunden, alles leuchtet satter und intensiver. Jetzt ist auch das Meeresrauschen fast immer zu hören. Die Stare finden sich zu großen Schwärmen zusammen, die morgens gleich dunklen Wolken aufsteigen, sich über die Holunderbeeren hermachen oder in die Salzwiesen niedergehen und sich abends in kleine Holzungen fallen lassen. Auch nachts ist das Geschrei der nach Süden ziehenden, in großer Höhe über die Insel fliegenden Schwärme von Wildgänsen zu hören.

Der Herbst ist die Jahreszeit für lange Spaziergänge und Fahrradtouren. Auch bei weniger gutem Wetter kann ein Spaziergang durch den Kurpark zur „Napoleonschanze", zur Mühle „Selden Rüst", am „Kap" vorbei und durch den Kiefernwald bis zur „Meierei" vergnüglich sein.

Die „Napoleonschanze" ist das älteste Kulturdenkmal auf der Insel und wurde 1811/12 gebaut. Seit 1810 war Ostfriesland ein Departement des französischen Kaiserreichs, nachdem Louis Napoleon als König von Holland von seinem Bruder abgesetzt worden war. Louis scheiterte, weil er den Schmuggel mit Kolonialwaren, das sind Zucker, Tabak, Tee, Baumwolle und andere Waren, an der Küste nicht unterbinden konnte. Die Schmuggelei war an die Stelle der Handelsschifffahrt und Fischerei getreten, nachdem Napoleon bereits 1806 gegen England die Kontinentalsperre verhängt hatte. Norderney und die anderen Inseln wurden wichtige Stapelplätze von Kolonialwaren, die von dem englisch besetzten Helgoland geholt und weiter zum Festland transportiert wurden. Durch eine ständige Besatzung von 300 französischen Soldaten und den Bau einer kanonenbestückten Schanze kam der Schmuggel fast gänzlich zum Erliegen. Zum Bau der Schanze hatte man vorwiegend Festländer verpflichtet, die „Hand- und Spanndienste" leisten mussten.

In der alten Norderneyer Windmühle konnten etwa fünf Tonnen Korn pro Tag gemahlen werden. Die Mühle ist ein Wahrzeichen der Insel, in dessen Unterbau sich eine Teestube mit Restaurant befindet.

Die Schanze, heute von Bäumen umstanden, lag ursprünglich auf der unbewaldeten Schafweide und grenzte mit der Südseite an den Heller, der bei höheren Wasserständen noch überflutet wurde. Auf der Landseite war durch den Bodenaushub für die Wälle ein Wassergraben entstanden. Sophia Wörrishöfer (1838–1890) hat mit ihrem Roman „Onnen Visser, der Schmugglersohn von Norderney" dem Freiheitskampf gegen die französische Besatzung ein Denkmal gesetzt. Im Sommer finden seit 1912 in der Schanze Waldgottesdienste statt. Der große Steinquader ist der Überrest einer NS-Weihestätte, mit deren Bau 1934 begonnen wurde. Auf dem Wall befindet sich das Ehrenmal für die Norderneyer Kriegstoten des Ersten Weltkriegs, das 1929 von dem Berliner Bildhauer Professor Hosäus geschaffen wurde. Gräber von Gefallenen der Seeflugstation Norderney, der beim Untergang von SMS „Mainz" und „Köln" ertrunkenen Seeleute, aber auch von sieben russischen Kriegsgefangenen befinden sich auf der Kriegsgräberstätte des Friedhofes. Vor der Ostseite der Schanze liegt der „Hindenburg-Stein", gewidmet Paul von Hindenburg (1847–1934), Generalfeldmarschall und Reichspräsident von 1925 bis 1934.

Durch die Bäume des Kurparks schimmert die Windmühle „Selden Rüst", was übersetzt „selten Ruhe" heißt, ein 1862 erbauter Galerieholländer und die einzige Mühle auf den Ostfriesischen Inseln. Seit 1962 steht das Mahlwerk still, das zuletzt mit elektrischer Motorkraft angetrieben wurde.

Die Mühlenstraße, damals ein Sandweg, war bis Anfang der 1930er Jahre die östliche Grenze des Ortes. Die ehemalige Luftwaffenkaserne, das Wohngebiet „An der Mühle", dazu die Wohnblocks in der näheren Umgebung, alles das wurde erst nach 1935 erbaut. Bis dahin standen hier nur das Wasserwerk mit dem Wasserturm von 1929, der Schlachthof, Badekarrenschuppen der Kurverwaltung und seit 1886 das Seehospiz „Kaiserin Friedrich". Bauherr war der „Verein für Kinderheilstätten an der deutschen Nordseeküste". Ihr Vorsitzender, Medizinalrat Professor Beneke (1824– 1882) aus Marburg, hatte bei der Überwinterung einer größeren Patientengruppe gute klimabedingte Heilungserfolge bei Skrofulose und Schwindsucht nachgewiesen. Mit 250 000 Mark förderte Kaiser Wilhelm I. den Bau dieser „großen nationalen Musteranstalt". Heute dient das Seehospiz zur Rehabilitation von Kindern und Jugendlichen, die an Atemwegs- und Hautkrankheiten leiden.

Unübersehbar auf der hohen Düne ist das „Kap" von Norderney. Das Wahrzeichen der Insel wurde in Stein erst 1870, in Form einer hölzernen Pyramide aber schon 1849 erbaut. Seit 1928 ist das „Kap" auch Symbol des Stadtwappens.

Am Ende des Kiefernwaldes liegt das Ruppertsberger Wäldchen, benannt nach dem ersten Königlichen Badeinspektor (1818–1833). Dieser förderte die Anpflanzung von Gehölzen, um dadurch die Kräfte des Windes auf der Insel zu mäßigen, die immer wieder starke Verwehungen und Ausblasungen in den Dünen bewirken. Am Ruppertsberger Wäldchen befindet sich auch der restaurierte und in Teilen rekonstruierte Bahnhof „Stelldichein", eine 1917 am Rande des militärischen Festungsbereichs errichtete kleine Haltestation der ehemaligen Marinebahn. Der Bahnhof war Teil des ehemaligen „Schirrhofes", der aus umfangreichen Gleis- und Werkstattanlagen bestand. Die Marinebahn wurde zum Bau und zur Versorgung der bis zur Mitte der Insel reichenden Geschützbatterien, Magazine und Unterkünfte sowie zum Transport der Soldaten genutzt. Bis 1947 erfolgte auf dem Schienenwege der Abtransport der demontierten militärischen Einrichtungen und Anlagen, dann wurden auch die Bahnanlagen und das Schienennetz abgebaut.

Zu dieser Zeit waren Pläne zur Einrichtung von Badestränden im Inselosten noch nicht bekannt, ansonsten wäre die Bahn ein beliebtes Verkehrsmittel geworden. Am 15. August 1949 wurde das Ostbad „Weiße Düne" eingeweiht, ein Jahr später die Betonstraße zur „Weißen Düne" gebaut und 1953 ein Busliniendienst eingerichtet. Ein Kuriosum war nach 1956 der „Dünenexpreß" – ein von einem VW gezogener und aus mehreren Anhängern bestehender offener Autobus.

Unmittelbar neben dem Bahnhof „Stelldichein" befindet sich das rekonstruierte Cumberland-Denkmal, das 1866 zu Ehren des hannoverschen Königshauses errichtet worden war. Den Anlass lieferte die Errettung des

Das Kap von Norderney – „Un wenn denn de Schippers uns all Kap wahren, denn kniepen s' de Priem, un hör Oogen klaren: ‚Ja, ja, wi sehn di dor frank un free, du meldst noch immer uns Nördernee!'" Die letzte Strophe dieses plattdeutschen Gedichts weist darauf hin, dass das Kap Sinnbild der Insel war und ist.

Kronprinzen Ernst August vor dem Ertrinken durch den Norderneyer Fischer und Badewärter Gerrelt Janssen. 1938 war das Denkmal so baufällig, dass es zerbrach, als die Bauleitung der Luftwaffe es umsetzen wollte. Die Gemeinde hatte das Denkmal weit außerhalb des damaligen Inseldorfes errichten lassen, wo König Georg V. aus Dankbarkeit für die Norderneyer Bevölkerung ein Picknick veranstaltet hatte.

Die 1881 errichtete „Meierei" war abgesehen vom Leuchtturm der letzte Außenposten der Zivilisation auf Norderney. Ab hier begann für Einwohner und Gäste die Wildnis, zumeist aus einem Labyrinth von kleinen und großen Tälern zwischen den Dünen bestehend, noch nicht bewachsen wie heute, sondern in großen Bereichen wüstenhaft. Der Errichtung der „Meierei" lag ein sehr fortschrittlicher Gedanke zu Grunde: Abwässer, auf Rieselfelder geleitet, förderten den Pflanzenwuchs, die hier weidenden Kühe produzierten Milch, die als wichtiger Aufbaustoff von den Kinderheimen der Insel gebraucht wurde. Schon um die Jahrhundertwende war die „Meierei" auch ein beliebtes Ausflugsziel. Mit dem Reiterhof und der Reitschule Junkmann befindet sich bei der „Meierei" das „Mekka des Pferdesports" auf der Insel. Zu den herausragenden Veranstaltungen gehören das alljährlich stattfindende Reit- und Springturnier sowie die Reitjagd hinter der Cappenberger Meute. Einen besonderen Eindruck aber hinterlässt die hohe Kunst der Dressur vor der Kulisse des Kurhauses.

Den östlichen Teil der Insel durchziehen einige kombinierte Wander- bzw. Fahrradwege. Auf ihnen lassen sich die „Gefilde des Sandes" recht gut erkunden sowie neue Aus- und Einsichten in die Fauna und Flora gewinnen. Über den „Zuckerpad" – einen Pfad, auf dem die Schmuggler ihre Güter an den französischen Wachsoldaten vorbeigebracht haben sollen – erreicht man zunächst die „Weiße Düne" und von dort durch die „Barkenlegde" das Wasserwerk II. Die Größe der Insel sowie der geologische Aufbau des Untergrundes ermöglichen die Ausbildung einer so genannten „Süßwasserlinse". 1959 wurde das Wasserwerk II in Betrieb genommen. Bis dahin erfolgte die Trinkwassergewinnung ausschließlich aus den Flachbrunnen östlich des „Kaps". Die Entnahmemenge beläuft sich auf rund eine Million Kubikmeter Trinkwasser und stagniert seit mehr als einem Jahrzehnt. Die Qualität des Wassers ist so gut, dass Belüftung und Filterung als Vorbehandlung ausreichen. Die Verteilung des Wassers und der Aufbau des Wasserdrucks erfolgen seit

Einen guten Blick vom Deich des Grohdepolders über die Weiden, auf denen das ganze Jahr eine Viehherde weidet und im Frühjahr und Sommer die Pferde grasen, verspricht eine Radtour oder Wanderung auf der Deichkrone. In den der Wattseite vorgelagerten Salzwiesen und auf den Wattflächen sind viele Vögel auszumachen.

1930 über den mehr als 41 Meter hohen Wasserturm, der eine Speicherkapazität von 500 000 Litern hat.
Der südliche Fahrweg, der „Alte Postweg", verläuft entlang der alten Inselkante. Im Südstrandpolder sollte nach 1939 ein Militärflugplatz errichtet werden, dessen Bau aber wegen des schnellen Vormarsches der deutschen Wehrmacht im Westen hinfällig wurde. Nachdem der Polder vollständig eingedeicht war und zunehmend aussüßte, entwickelten sich in tieferen, vernässten Lagen große Schilfbestände, auf höheren Lagen auch Gebüschgruppen, dazu Sanddorn und Trockenrasen. Der Bau von Nachklärteichen schuf umfangreiche Wasserflächen für Gänse, Enten, Watvögel, aber auch viele Singvögel rasten und brüten hier. Der Südstrandpolder gehört der Ruhezone des Nationalparks „Niedersächsisches Wattenmeer" an. Er kann auf einem befestigten Weg auf der Deichkrone umgangen oder mit dem Fahrrad umfahren werden. Die zahlreichen Vögel auf den Wattflächen können vom Deich gut beobachtet werden.
Einen guten Überblick über die Insellandschaft vermitteln die mit Plattformen und Treppen versehenen Aussichtsdünen. Besonders von der Düne am „Dünensender", zu dessen Füßen sich die gleichnamige Jugendherberge und ein Jugendzeltlager befinden, hat man einen Blick, der weit über die Insel, das Wattenmeer, die See im Norden und die benachbarten Inseln im Osten geht. Sogar der Wasserturm, das Wahrzeichen der Insel Langeoog, ist noch als kleiner heller Punkt auszumachen. Bis dahin sind es 19 Kilometer. Trotz der Entfernung von sechs Kilometern scheint das Festland zum Greifen nahe zu sein. Besonders die Vielzahl der Windenergieanlagen fällt hier auf.
Beiderseits der Fahrstraße zum Leuchtturm erstreckt sich ein 9-Loch-Dünengolfplatz, der 1927 eingeweiht wurde. Beim „Golfhotel" beginnt das „Ostland", worauf ein Schild hinweist. Die hier im Umkreis des Leuchtturms lebenden Insulaner fühlen sich einer anderen Inselwelt zugehörig – eben einem Leben außerhalb der Stadt, inmitten der Natur, mit viel Ruhe und einem Leuchtturm im Blickfeld. 1874 wurde das Licht im Leuchtturm entzündet. Dass die Lampe nicht ausging, darauf hatten drei Wärter zu achten, die mit ihren Familien im Leuchtturmgehöft wohnten. Vor dem Leuchtturm befindet sich der neue Flugplatz der Insel, der 1970 eingeweiht wurde und über eine Asphaltlandebahn verfügt. Er wird mehrmals täglich und ganzjährig von der Frisia-Luftverkehr GmbH (FLN) und auch von der OLT, der Ostfriesischen Lufttransport GmbH, angeflogen. Der Flugplatz liegt im Grohdepolder, mit dessen Eindeichung 1922 begonnen wurde. Der Heller war mittlerweile über das Mittlere Tidehochwasser (MThw) so weit emporgewachsen, das sich die Landgewinnung lohnte. Für die Bewirtschaftung des Polders wurden Domänenpächter angeworben, die fortan Ackerbau und Milchwirtschaft betrieben. Heute sind die Domänen zu Campingplätzen umgewandelt. Auf den Grasflächen weiden Pferde und Galloway-Rinder.
Der Leuchtturm markiert etwa die Mitte der Insel. Am Ende des Grohdedeiches, auf dessen Deichkrone man mit dem Fahrrad fahren kann, beginnt der vom Tourismus wenig berührte Teil der Insel. Er unterliegt besonderen Schutzbestimmungen und gehört zur Ruhezone des Nationalparks „Niedersächsisches Wattenmeer". Autofahrer können am Ostheller ihr Fahrzeug parken, hier befindet sich auch eine Informationshütte. Zu Fuß am Strand entlang, über einen Landweg in der Inselmitte oder auf dem ausgetretenen, aber nicht überflutungsfreien Pfad entlang der breiten Salzwiese führt der Weg in Richtung Inselende.
Das Wattenmeer ist eine der letzten großen Naturlandschaften auf der Erde und seit Oktober 2002 auch als „besonders empfindliches Meeresgebiet" ausgewiesen. Weltweit gibt es nur fünf davon, zu denen das Große Barriereriff (Australien) und ein Gebiet rund um die Florida Keys (USA) gehören. Die Bedeutung dieses Ökosystems ergibt sich aus der besonderen Eigenart der Natur und Landschaft, die aus Inseln, Dünen, Stränden, Flussmündungen, Buchten, Wattflächen, Prielen und Salzwiesen bestehen. Nur die hier heimischen Pflanzen und Tiere, die dem Meerwasser widerstehen und den durch Ebbe und Flut wechselnden Bedingungen angepasst sind, können überleben. Je nach Sedimentart, wobei

Wegen Sandmangel mussten die bisherigen Strandbäder vor der Kaiserstraße weiter nach Osten verlegt werden. Um diese schnell und bequem zu erreichen, setzte die Kurverwaltung ab 1955 den elektrisch betriebenen „Strandexpress" ein. Ein Anziehungspunkt war auf der Promenade die 1953 aufgestellte pilzförmige Trinkhalle.

man zwischen Sand-, Misch- und Schlickwatt unterscheidet, sind der Boden und auch die Wattoberfläche mit einer mehr oder minder hohen Zahl an Organismen und Algen besiedelt. Es sind zumeist Würmer, Schnecken, Muscheln und Kleinkrebse sowie Tang, Seegras und Kieselalgen (Diatomeen). Letztere verleihen der Wattoberfläche eine manchmal recht intensive Braun- oder Rotfärbung.

Das mit der Flut einströmende und mit der Ebbe abfließende Wasser hinterlässt Spuren. Je nach Strömungsintensität ist die Wattoberfläche eben oder stark gerippelt, das heißt mit Wellenmustern bedeckt. Kleine und große Wattpfützen bilden Refugien, in denen bei Ebbe Garnelen, Krabben, der Bäumchenröhrenwurm und Muscheln überleben können. Überhaupt sind die Wattbewohner wahre Überlebenskünstler, denn sie müssen mit stark wechselnden Umweltbedingungen zurechtkommen. Mehrere tausend Organismen können einen Quadratmeter Wattboden besiedeln. Hinweise auf Art und Aktivität der Tiere liefern zahlreiche Fress- und Kriechspuren, die größtenteils artspezifisch sind. Am auffälligsten sind die Kotschnüre des Sandpierwurms, der in einer U-förmigen Röhre lebt, an deren einem Ende sich ein Sackungstrichter befindet, aus dem immer wieder Sediment nachrinnt, das vom Wurm verdaut wird. 20 bis 30 Zentimeter tief hat sich der Wurm in das Watt eingegraben, andere Würmer dagegen leben nur wenige Millimeter oder einige Zentimeter unter der Wattoberfläche.

Die Wattenpost beim Durchqueren eines Priels. Die Möglichkeit, die Insel Norderney bei Ebbe mit der Kutsche zu erreichen, war ein großer Vorzug gegenüber den anderen Ostfriesischen Inseln. Die Reise von Hilgenriedersiel durch das Watt bis zur Insel dauerte etwa eine Stunde.

Dieses reichhaltige Leben macht das Wattenmeer zu einem bedeutenden Rastplatz sowie Brut- und Mausergebiet für Wat- und Wasservögel. Einige tausend Kilometer legen Ringelgänse aus Sibirien zurück, um hier zu überwintern. Noch weiter ist die Strecke für die Seeschwalben, die in Afrika überwintern und auf einigen Nordseeinseln brüten. Den Fischen ist das Wattenmeer Kinderstube, den Seehunden Lebensraum.

Den Übergangsbereich zwischen dem Watt und dem festen Land bildet in seegangs- und strömungsberuhigten Lagen die Salzwiese. Der Queller, das Schlickgras und die Strandsode gehören zu den Pionierpflanzen, die salzwasserverträglich sind. Die Pflanzen tragen zur Wasserberuhigung bei. Vom Wasser mitgeführte Schwebstoffe können sich deshalb bevorzugt in diesem Bereich absetzen und zur Erhöhung des Wattenbodens beitragen. Je nach Höhenlage über dem Mittleren Tidehochwasser erobern Gräser oder der Rotschwingel das dem Meer abgerungene Land. Hinzu treten eine Reihe von Pflanzen, die einer wiederholten Überflutung noch widerstehen, so der einen würzigen Geruch verströmende Meerstrand-Beifuß (Strandwermut), die Keilmelde und der blau blühende Strandflieder. Der Strandflieder bildet auch auf Norderney große Bestände, die im Inselosten eine lilafarbene Blütenpracht verursachen.

Eine Wattwanderung ist sehr zu empfehlen, aber nie allein, auf eigene Faust oder ohne kundigen Wattführer. Die Wattüberquerung war in der Vergangenheit oftmals die einzige Möglichkeit, um von der Insel auf das Festland zu gelangen. Dieser Weg war mühsam, denn vom Ort aus musste zunächst die lange Strecke bis zum Watthohen, heute etwa 2,5 Kilometer östlich des Grohdepolders, zurückgelegt werden, um dann in gerader Strecke auf Hilgenriedersiel zuzugehen. Ein guter Zeitplan ist auch heute noch sehr wichtig, aber auch die Wasserstände und die Witterung müssen berücksichtigt werden. Besonders im Winter, wenn die Strömung das Eis zusammenschiebt, ist solch eine Wattquerung gefährlich, aber auch wenn plötzlich Seenebel heranzieht, bei dem man leicht die Orientierung verliert.

Der vom Ort am ehemaligen Südstrand entlanglaufende Wanderweg trägt den Namen „Alter Postweg". Dieser Weg verlief in östlicher Richtung weiter über die noch nicht eingedeichte Grohde und dann ins Watt. Die hölzerne Peilbake auf dem Heller wies den Weg vom Festland und zeigte an, wo im inselnahen Watt die Furt über die tiefe Balje zu nehmen war. Die Fahrt mit der Postkutsche von Hilgenriedersiel durch das Watt gehörte mit zu den wichtigsten Verkehrsverbindungen zur Insel. Bereits von Halem empfahl sie 1815 den Reisenden, welche „die Fahrt zu Wasser und die Seekrankheit zu sehr fürchten oder das Aus- und Einsteigen in die Schiffe ... zu unbequem finden". Ein Strandvogt, der auch für die Kennzeichnung des Wattenweges zuständig war, begleitete die Kutsche bis zur Insel

und zurück. „In einer Stunde hat man das Ostende der Insel erreicht, von da es dann noch eine gute Stunde den harten Strand entlang bis an die Häuser ist."
Zum Ende der Saison 1875 wurde die Wattenpost eingestellt, nachdem sich im September 1873 ein Unglück ereignet hatte. Trotz Sturms und hohen Wasserstands wagte der Postillon Harms aus Norden die Fahrt durch das Watt. Strandvogt Ufen, der als Wattführer die Kutsche begleitete, ließ jedoch die Fahrt abbrechen und drängte zur Rückkehr nach Hilgenriedersiel. Beim Wenden stürzte eines der Pferde. Da die Flut rasch auflief, wurden alle Pferde ausgespannt, und der mit Briefen und Paketen beladene Wagen wurde zurückgelassen. Die Reisenden, darunter eine Frau, wurden auf die Pferde gesetzt und erreichten mit Mühe das Festland. Erst nach einem Tag konnte die Kutsche mit der völlig durchnässten Post geborgen werden.

Ankunft der Wattenpost am Ortseingang, nahe dem heutigen „Haus Schifffahrt". Sie wird vom Badepublikum und den am Tisch sitzenden böhmischen Musikanten begrüßt. Im Hintergrund das Große Logierhaus, die Residenz des Königs von Hannover. Neben dem Zelt der Gasthof und das Hotel Bellevue, um 1860.

Ab dem Spätnachmittag gehört der östliche Teil der Insel den Möwen und Kaninchen sowie einigen Wanderern, die nun dem Parkplatz „Ostheller" zustreben. Dies ist eine günstige Zeit, um Meer und Landschaft für sich zu haben. Strömungsmuster im Sand und der hochliegende Spülsaum machen deutlich, dass es hier bei hohen Wasserständen noch zu großflächigen Überflutungen kommt und auch Seewasser durch die „Sloopen", die Öffnungen zwischen den Randdünen, in das dahinter liegende Land strömt. Starker Wind bringt den losen Sand der Dünen und des Strandes in Bewegung, der wie Rauch von den Dünenkuppen weht oder über den Strand treibt. „Die zahllosen wandernden Sandkörner aber klirren aneinander und bewirken ein fortwährendes leise raschelndes Geräusch, das einem Gezirpe, Gewimmer und Geflüster nicht unähnlich ist, und in welchem der abergläubische Insulaner bei einbrechender Nacht die jammernden Stimmen der im Schiffbruch umgekommenen Seeleute zu hören vermeint", schrieb Theodor Berthold 1885.
Die Landschaft hier draußen ist ständig im Wandel begriffen und unterliegt starken Veränderungen durch Wasser und Wind. Es ist keine Idylle, die der Wanderer hier vorfindet, vielmehr Ursprünglichkeit und die Begegnung mit den Elementen: mit Wind, der einem bei Sturm die Luft nimmt, dem der Mensch sich entgegenstemmen muss, um überhaupt vorwärts zu kommen; mit Wellen, die als Brandung Wasserfahnen hinter sich herziehen, deren Rauschen in Donnern übergeht und die den Strand emporeilen. Über allem dehnt sich eine Himmelsweite mit Wolkenbildern, zwischen denen die sinkende Sonne auf der Wasseroberfläche „lichte Wunder" zaubert, Lichtbündel oder Strahlenkränze herniederschickt.
Bei alledem ist der Mensch nur Zuschauer. Um ihn herum findet ein Schauspiel statt, das vor Zeiten aus einer Sandplate die ersten Konturen einer Insel formte. Surreal muten die rostigen Überreste des Schiffes an, das vor Jahren hier havarierte und dessen Zerfall ein Zeitmaß sein könnte.
Ein letzter Blick geht hinüber zu den roten Häusern der Insel Baltrum und auf das ferne Meer. Auf dem Heimweg mögen einem vielleicht die Zeilen Heinrich Heines durch den Kopf gehen:

Im Leuchtturm wurden die Lichter
Allmählich angesteckt,
Und in der weiten Ferne,
Ward noch ein Schiff entdeckt.

Wir sprachen von Sturm und
Schiffbruch,
Vom Seemann, und wie er lebt
Und zwischen Himmel und Wasser
Und Angst und Freude schwebt.

(aus den Liedern der „Heimkehr", 1823)

Wenige Minuten nur und die Fahrt mit dem Auto bringt uns in die Gegenwart zurück – in die vergnügte Gesellschaft des Badeorts. Diese Gleichzeitigkeit von Vergangenheit und Gegenwart ist es, diese Spuren der Zeit sind es, denen man auf Norderney begegnet. Doch auch ohne diese Rückbesinnung und gedankliche Auslegung, ganz dem Heute zugewandt, wird ein Inselaufenthalt zu einem besonderen Erlebnis – mit frischem Wind, Baden im Meer, Strandspaziergängen, Beobachten von Sonnenuntergängen, Einkaufsbummeln, Surfen und Kurkonzert. Jeder so, wie er es mag. Die Insel bietet viele Möglichkeiten.

Der Strandflieder bildet in den Salzwiesen östlich des Grohdepolders großflächige und dichte Bestände. Bis in den Herbst hinein ist die lila-farbene Blütenpracht zu bewundern. Der Salzwiesenbereich des Watts unterliegt strengsten Schutzbestimmungen im Nationalpark, dazu gehören das Betretungs- und das Verbot des Abpflückens der Pflanzen. Vom Fuß des Grohdepolderdeiches und vom südlichen Wanderweg lassen sich die Eigenarten dieser Landschaft gut beobachten.

Im Licht der untergehenden Sonne bekommt der Sand der noch spärlich bewachsenen Randdüne eine besonders stimmungsvolle Farbe. Sie wechselt durch den Sonnenstand, die Witterung und Sandbeimengungen.

Wer den Parkplatz Osthel-ler verlässt, sich zuvor für eine mehrstündige Wande-rung mit dem Nötigsten versorgt hat, was anzuraten ist, der befindet sich bereits nach kurzer Zeit in den „Gefilden des Sandes“ – wüstenhaft, Sonne, Regen und Wind ausgeliefert. Außerhalb der Saison sind nur die Vögel ständiger Begleiter, ansonsten sind lediglich das Rieseln des Sandes und das Branden des Meeres zu hören.

Randdünen mit dem frischen Grün des Strandhafers. Auf der windabgewandten Seite der Pflanze kann sich weiterer Sand ansammeln, und mit seinem langen und dichten Wurzelgeflecht trägt der Strandhafer zur Stabilisierung der Dünen bei. Immer wieder müssen die „weißen Dünen“ neu bepflanzt werden, da sie einen wichtigen natürlichen Schutz vor Sturmfluten bedeuten.

„Die schöne Sonne
Ist ruhig hinabgestiegen ins Meer;
Die wogenden Wasser sind schon gefärbt
Von der dunklen Nacht,
Nur noch die Abendröte
Überstreut sie mit goldnen Lichtern;
Und die rauschende Flutgewalt
Drängt ans Ufer die weißen Wellen,
Die lustig und hastig hüpfen
Wie wollige Lämmerherden,
Die abends der singende Hirtenjunge
Nach Hause treibt.“
(Strophe aus „Untergang der Sonne“, 1825 von Heinrich Heine auf Norderney gedichtet)

Fischerhaus-Museum

Inmitten des Argonner-Wäldchens südlich des Kurhauses liegt das Museum, ein originalgetreuer Nachbau eines Fischerhauses, der Pfingsten 1937 eingeweiht wurde. Träger ist der Heimatverein Norderney. Auffällig an dem Haus sind das wegen der Stürme nach Norden abfallende Schleppdach sowie der auf der Südseite vorhandene, mit einer Sitzgelegenheit versehene Eingang, „Loiv" genannt. Im Innern trennt ein langer durchgehender Flur das Haus in zwei Wohnteile. Es war ein Sippenhaus, in dem neben der jungen, zumeist kinderreichen Fischerfamilie auch die Eltern des Mannes oder der Frau wohnten. Die Räume des Hauses sind mit altem Mobiliar eingerichtet, hinzu kommt eine Fülle an Geschirr und Hausrat. Viele Gegenstände und Dokumente aus der heimatkundlichen Sammlung des Heimatvereins, wie Gerätschaften für den Fischfang, Andenken von Seefahrern, Landkarten, historische Ansichten der Insel u. a. ergänzen die Einrichtung. Alles in dem Fischerhaus ist anheimelnd, praktisch, niedlich und klein – kaum vorstellbar, dass in diesem Haus einmal mehr als zehn Personen wohnten. Viel Wissenswertes über die Insel, den Fischfang und die Seefahrt erfährt der Besucher bei einer Führung durch das Museum. Nach Voranmeldung finden in dem Museum auch „Tee-Seminare" statt, bei denen der Besucher in die besondere Zubereitung des Ostfriesentees eingewiesen wird und sich den frisch zubereiteten Tee schmecken lassen kann. Drei Tassen sind Ostfriesenpflicht! Öffnungszeiten: Mai bis September, montags bis sonnabends 15.00–17.00 Uhr, sonn- und feiertags 10.00–12.00 Uhr; April und Oktober, montags, mittwochs, freitags 15.00–17.00 Uhr, sonn- und feiertags 10.00–12.00 Uhr. In der übrigen Zeit sonntags 10.00–12.00 Uhr. Gruppen auf Voranmeldung bei K. Visser, Tel. 04932/1791.

Der überdachte, mit einer Sitzgelegenheit versehene Eingang des Fischerhaus-Museums. Die anheimelnde Atmosphäre kann aber nicht darüber hinwegtäuschen, dass das Leben in früheren Jahren auf der Insel sehr hart war, die Männer als Fischer und Schiffer einem gefahrvollen Beruf nachgingen, die Zahl der Witwen groß war und in manchem Fischerhaus bittere Armut herrschte.

Flagge und Wappen

Die Stadtflagge besteht aus zwei senkrechten Streifen mit je drei schwarzen und weißen Blockfeldern, an die sich je drei blaue und weiße waagerechte Streifen anschließen. Die Farben der Flagge sind die Farben des Kaps (vor 1870 ein schwarzes, geteertes Holzgerüst), des Meeres und der Dünen oder des Strandes. Entworfen hat sie der Norderneyer Seemaler Poppe Folkerts, der 1928 auch das Stadtwappen gestaltete. Sie gleicht der „Speckflagge" der Freien und Hansestadt Bremen, und das nicht zufällig. Die Bremer Flagge diente als Vorbild, weil die Beziehungen zwischen Norderney und Bremen vielfältig und eng waren. So gründeten 1921 die Gemeinde Norderney und der Norddeutsche Lloyd die Staatliche Nordseebad Norderney Betriebsgesellschaft und pachteten das Seebad vom Staat Preußen (bis 1935). Kapitäne des Lloyd waren nach 1918 die ersten Kurdirektoren. Ebenso waren das Land Bremen und der Norddeutsche Lloyd Gesellschafter der 1922 gegründeten Flughafen Norderney GmbH. Nach der offiziellen Wappenbeschreibung der Gemeinde Norderney zeigt das Stadtwappen „das Kap, auf hoher Düne stehend und von den Wogen der Nordsee umbrandet. Das Kap (Bake) ist ein altes Norderneyer Wahrzeichen, das vor der Errichtung eines Leuchtturms auf der Insel den Schiffern und Fischern Wegweiser war."

Kaiser-Wilhelm-Denkmal

„Auch im Deutschen Meere, auf seiner schönsten und bedeutendsten Insel Norderney" sollte ein Denkmal für den deutschen Kaiser Wilhelm I., den „Heldenkaiser" von 1871, errichtet werden. Den Gedanken dazu fasste Pastor Weber aus Mönchengladbach bei der Sedansfeier am 2. September 1889. Anfänglich war ein großes Nationaldenkmal geplant, ähnlich den Wilhelm-Denkmälern am „Deutschen Eck" bei Koblenz, auf dem Kyffhäuser oder bei Porta Westfalica. Standort sollte die Promenade vor der Bismarckstraße oder der Moltkestraße sein. Die Pläne scheiterten zunächst an den hohen Kosten. Mehr als 130 deutsche Städte wurden vom Denkmalskomitee angeschrieben und um eine Steinspende gebeten. 75 Städte, Provinzen und private Stifter schickten bahnlagernd Steine nach Leer und von dort mit dem Schiff weiter nach Norderney. 1898 fand die Grundsteinlegung statt, ein Jahr später am Sedanstag die feierliche Einweihung. Kaiserbüste, Adler und zwei Bronzeschilder mit der Aufschrift „Vom Fels zum Meer" sowie „Wilhelm dem Großen – Die deutschen Kurgäste" wurden im Ersten Weltkrieg, 1918, zur Anfertigung von Kanonen entfernt und abgeliefert. Der ursprüngliche denkmalstiftende Gedanke hatte danach keine Tradition mehr. Auf den Platz der Kaiserbüste wurde von der Gemeinde Norderney eine Möwe, als Sinnbild der Nordsee, gestellt.

Das Kaiser-Wilhelm-Denkmal fällt auf und weckt Interesse. 61 Steine sind mit dem Namen des Stifters, zumeist einer Stadt, versehen.

Kirchhof

Gräber bezeugen oft die gesellschaftlichen und sozialen Verhältnisse in einer Gemeinde, die Grabsteine sagen manchmal auch recht viel über das Leben, Schicksal und die Todesumstände eines Menschen aus. Auf fast allen Grabsteinen des Norderneyer Kirchhofes befinden sich Ornamente und Darstellungen, die zumeist Symbole des Glaubens, der Vergänglichkeit, Ewigkeit und Wiedergeburt sind: erloschene Fackeln, Palmwedel, Schlange, Sonne, Schmetterlinge, Anker, Herz. Besondere Aufmerksamkeit verdient das Grabkreuz von Giovanni Velcich, geb. 1842 in Istrien, Matrose der k. u. k. österreichischen Fregatte „Radetzky". Velcich fiel während des Deutsch-Dänischen Krieges am 24. Juni 1864 bei Cuxhaven über Bord und wurde an den Strand der Insel gespült. Am 18. Juli 1864 fand im Beisein des Königs von Hannover das Begräbnis statt. Der König stiftete das Grabkreuz, ebenso die Grabanlage seines Schiffsführers Hillrich Jakobs Rass, gestorben am 5. September 1872. Rass war während der Sommermonate „Führer der Yacht seiner Majestät des Königs" gewesen. Eher unauffällig ist der Grabstein von Hans Jakob Six aus Finkenwerder, der am 3. April 1866 ertrank, auf Norderney antrieb und am 10. Mai d. J. hier bestattet wurde. Mit seinem Namen ist eine der schlimmsten Schiffstragödien verbunden. In einem Gewittersturm strandete am 4. Februar 1866 vor der Insel Juist der von Hull/England nach Hamburg fahrende Dampfer „Excelsior", der neben 17 Mann Schiffsbesatzung auch acht Passagiere an Bord hatte. Die meisten Seeleute und Passagiere konnten sich in den Mast retten, mussten aber dort mehr als sechs Tage in bitterer Kälte, bei Wellengang, Durst und Hunger ausharren, bis Hilfe kam. 15 Personen überlebten das Unglück. Bei der späteren Bergung der Baumwollladung ertranken beim Kentern eines Bootes weitere Menschen, wodurch sich die Gesamtzahl der Opfer auf 24 erhöhte (Kampfer 1999). Unter ihnen war auch Hans Six. Für namenlose „Drinkeldode", also Ertrunkene, war ein besonderer Bereich auf dem Kirchhof vorbehalten. Das Tragen eines goldenen Ohrringes mit den Initialen darin, seit Jahren bei manchem Insulaner wieder modern, diente in der Vergangenheit bei den Seeleuten zur Identifizierung und zum Bezahlen eines Begräbnisses.

Schiffe auf Grabsteinen weisen zumeist darauf hin, dass der Verstorbene ein Seemann war oder dem Schiffshandwerk nachging.

Klima

Typisch für das Nordseeklima sind die ausgeglichenen Temperaturen zwischen Tag und Nacht und zwischen den Jahreszeiten. Die Winter sind recht milde, strenge nur die Ausnahme, die Sommer dagegen sind etwas kühler als im Binnenland, was aber als angenehm empfunden wird. Durch die langsamere Abkühlung des Meeres ist es dagegen im Herbst wärmer als im Binnenland. Juli und August sind die regenreichsten Monate, wobei es größtenteils nur kurze, aber heftige Schauer gibt, die überwiegend in der Nacht niedergehen. Regenarm sind dagegen die Monate Februar bis Juni. Die Bewölkung ist im Frühjahr und Sommer gering, stark zwischen November und Februar. Je nach Wetterlage tritt Nebel am häufigsten im Dezember und Januar auf, ist aber insgesamt selten. Die Windgeschwindigkeiten sind ständig 2 Beaufort höher als auf dem Festland. Die mittlere Windgeschwindigkeit beträgt auf Norderney 7,3 m/sec. (4 Bft.). Die Westdrift, das heißt die Zufuhr der Meeresluftkörper aus dem Westen, ist im Sommer besonders stark, im Winter überwiegt die Luftzufuhr vom Atlantik oder vom Festland. Die Wetterlagen zwischen dem küstennahen Festland und den vorgelagerten Inseln können voneinander abweichen. Das Klima der Inseln und der Küste wird als „reizstark" eingestuft, was auf die Besonderheiten der Windverhältnisse und die starke Sonneneinstrahlung zurückzuführen ist.

Leuchtturm

Zwei Jahre dauerten die Bauarbeiten am Norderneyer Leuchtturm, der im August 1874 fertig gestellt war. Am 1. Oktober wurde das Leuchtfeuer entzündet. Die Höhe des Turmes beträgt 53,6 Meter, die Gesamthöhe bis zur Turmspitze 65,3 Meter. Die Optik, ein Fresnelscher Linsenapparat 1. Ordnung, besteht aus 24 Linsen und 1 018 Prismen, sein Gewicht beträgt 3,5 Tonnen. Dieser Linsenapparat wurde von der Firma Sautter, Lemonier & Cie. in Paris hergestellt und musste als Kriegsbeute am Ende des Deutsch-Französischen Krieges (1870/71) nach Deutschland geliefert werden. Als Lichtquelle diente zunächst eine fünfdochtige Petroleumlampe, ab 1926 elektrische Beleuchtung. In einer Stunde wurden mehr als 1,15 Kilogramm Öl verbraucht, im Jahr etwa 4,5 Tonnen. Damit das Licht nicht ausging, musste in den Brenner häufig Öl nachgefüllt werden. Während der Nacht schlief einer der Wärter oben im Turm. Bis 1959 sorgte ein 200 Kilogramm schweres Gewicht für den Antrieb, vergleichbar einem Uhrwerk, das, in der Mitte des Turmes frei hängend, jeden Morgen mit der Hand hochgedreht werden musste. Die Drehrichtung des Antriebes verlief bei allen anderen deutschen Leuchttürmen im Uhrzeigersinn, nur der Leuchtturm auf Norderney ist linksdrehend. Die Reichweite des Lichts beträgt etwa 37 Kilometer. Die Kennung wurde 1976 auf Blitzfeuer umgestellt: Blz (3)-12s, das heißt drei Blitze mit anschließend längerer Pause. Die Kennung ist damit mit der von Ameland/Westfriesische Inseln identisch. Wer die 253 Stufen nicht scheut, kann einen phantastischen Blick über die Insel, über das Wattenmeer bis zum Festland genießen. Sehr eindrucksvoll ist auch die sich drehende Lichtkuppel bei Dunkelheit.

Maler auf Norderney

Schriftsteller haben die Nordsee und Norderney beschrieben, Dichter ihre Gedanken in Verse gefasst und Maler Abbilder von Himmel, Meer, Landschaft und den Menschen geschaffen.

Bekannte Maler, die Bilder auf und über Norderney schufen, waren Felix Nussbaum (1904–1944), Vollrath Hoeck (1890–1968), Paul Ernst Wilke (1884–1971), Julian Klein von Diepold (1868–1947). In Deutschland kaum bekannt ist der holländische Seemaler Hendrik Willem Mesdag (1831–1915), der die Insel 1854 und 1868 besuchte. Bei seinem letzten Aufenthalt entdeckte er das Meer als Thema seiner Malerei und schuf in den folgenden Jahrzehnten eine große Zahl an Gemälden mit Küstenszenerie, Strand und Schiffen. In Den Haag befindet sich das Museum „Panorama Mesdag" mit dem auf 1 700 Quadratmetern gemalten weltberühmten Panorama des Dorfes Scheveningen.

Der bekannteste Maler der Insel war der Norderneyer Poppe Folkerts (1875–1949), der zunächst das Maler- und Glaserhandwerk erlernte, Werke verschiedener Marinemaler kennen lernte und 1897 in die Malklasse von Prof. Saltzmann an der Berliner Kunstakademie eintrat. Mehrere Studienfahrten auf Kriegsschiffen in die Ostsee, nach Norwegen, England und ins Mittelmeer folgten, dann weitere Studienaufenthalte in Berlin, Königsberg, Kiel, Düsseldorf. Zwischendurch war er immer wieder auf Norderney, beteiligte sich an Ausstellungen und beendete seine „Lehrjahre" mit einem Aufenthalt in Paris. 1910 kehrt er in seine ostfriesische Heimat zurück. Am Weststrand der Insel ließ Poppe Folkerts den Malerturm erbauen, sein Atelier. Im Schussfeld der Flak gelegen, musste der Turm 1940 abgerissen werden. 1917 heiratete Folkerts Frida Wilken aus Westeraccumersiel. Der Maler ist auf vielfältige Weise mit seiner Heimatinsel verbunden, die er auf zahlreichen Gemälden, Zeichnungen und Radierungen darstellt: immer wieder das Meer mit Schiffen und Booten, auch die Arbeit der Menschen auf See, Porträts, aber nicht von Badegästen, sondern die herben Gesichter der Insulaner, in denen harte Arbeit, Seewind und Sonne Spuren hinterlassen haben. Folkerts war einer von ihnen. Er gründete 1925 den Seglerverein, entwarf das Norderneyer Notgeld, das Wappen und die Flagge. Am 31. Dezember 1949 starb der Maler und wurde am 4. Januar 1950 auf See bestattet. Nur wenige Bilder sind öffentlich zugänglich, so im Kurhaus und im Rathaus, viele befinden sich in Familien- oder Privatbesitz.

Obwohl Hans Trimborn (1891–1979) eine Reihe von Landschaftsbildern hinterließ, ist er doch weniger ein Seemaler geworden als durch seine ausdruckstarken Porträts, Inselszenen und abstrakten Malereien aufgefallen. Das Werkverzeichnis umfasst mehr als 900 Gemälde, die sich in Familien- und Privatbesitz und auch in Galerien und Museen befinden. Trimborn wurde in Plittersdorf am Rhein geboren, studierte zunächst Medizin, verdiente sein Geld aber als Tanzmusiker und Maler. Auf Norderney lebte er von 1920 bis 1939, zuletzt in Norden. Trimborn verband eine langjährige Freundschaft mit dem Worpsweder Künstler Heinrich Vogeler, mit dem Mäzen Ludwig Roselius und dem Bildhauer Bernhard Hoetger, mit dem er auf Norderney das Café „Worpswede" betrieb.

Als Marinemaler schuf der in Bremen geborene Johann Heinz Mindermann (1872–1959) mehrere tausend Bilder, zumeist großflächige Gemälde. Mindermann war eigentlich Kunsthändler und arbeitete als Galerist in Köln, Bad Kissingen und in Berlin, bevor er nach 1918 nach Norderney kam. Als weniger bekannte Maler gelten Otto Schiemann (1889–1967) und Erich Tettenborn (1892–1967). Anders dagegen Hildegard Peters, 1923 in Bielefeld geboren, von 1956 bis 1965 Kunsterzieherin an der Mittelschule auf Norderney und seitdem in Norden ansässig. Porträts, Stillleben, Landschaften in Öl – temperamentvoll und „dick aufgetragen" – sind ihr Thema. Der Fahrgast der „Frisia IV" begegnet der Malerin in ihren im Salon angebrachten großen Panoramabildern. Ole West, nicht allein Maler aller Leuchttürme dieser Welt, der Aquarellmaler Volker Jänsch, Westenberger mit seinen Dünen- und Küstenszenerien, der Grafiker Manfred Schultz und Claus-Ulrich Ipsen mit seinem expressiv abstrakten Stil leben auf der Insel oder fühlen sich dieser verbunden, fasziniert von der Landschaft, der Natur in ihrer Ursprünglichkeit und den Farben.

Nationalpark „Niedersächsisches Wattenmeer"

Seit 1986 gibt es den 240 000 Hektar großen Nationalpark, einen weltweit einmaligen Naturraum, der sich zwischen Emden und Cuxhaven über die Grenzen hinaus bis nach Esbjerg/Dänemark und Den Helder/Niederlande erstreckt. In diesem Gebiet ist die Natur weitestgehend sich selbst überlassen. Landschaft, Tier- und Pflanzenwelt genießen einen besonderen Schutz. Zur Erholungszone gehören auf Norderney die Strände bis zur „Oase", die touristisch genutzt werden. Große Dünengebiete östlich der „Meierei" und der Grohdepolder liegen in der Zwischenzone, die eine besondere Rücksichtnahme verlangt. So darf der Heller vom 1. April bis 31. Juli nur auf den zugelassenen Wegen betreten werden. Die Wege sind in der Zwischen- und der Ruhezone durch grüne (Wanderweg) und rote (Reitweg) Markierungen gekennzeichnet. Die Ruhezone umfasst den Südstrandpolder, die große „Legde" beiderseits der Straße zur „Oase", die Salzwiesen, Dünen und Strand sowie Teile des Wattenmeers östlich des Parkplatzes „Ostheller". In der Ruhezone gelten die strengsten Schutzbestimmungen. Wattwandern, Radfahren, Wandern und Reiten sind nur auf den ausgewiesenen Wegen oder unmittelbar am Spülsaum auf der Seeseite erlaubt – ansonsten besteht absolutes Betretungsverbot. Einschränkungen müssen auch die Landwirtschaft, Fischerei und Jagd hinnehmen.

Nationalpark-Haus

Als Informations- und Bildungsstätte verfolgt die 1991 eröffnete Einrichtung folgende Ziele: Wissen über die ökologischen Zusammenhänge im Wattenmeer zu vermitteln und auf die Notwendigkeit des Schutzes hinzuweisen. Eine Dauerausstellung informiert sehr anschaulich über die Entstehung und die Landschaftsformen des Wattenmeeres sowie über die Vielfalt und Besonderheiten von Pflanzen und Tieren. Eine besondere Attraktion sind die Aquarien mit Muscheln, Krabben, Krebsen und Plattfischen. Zu empfehlen ist auch die Diaschau mit beein-

druckenden Bildern vom Meer, vom Watt und von der Insel, von den Menschen, die hier leben oder Urlaub machen. Sonderausstellungen, Führungen durch das Nationalpark-Haus, dazu Wattwanderungen, Inseltouren, Salzwiesenführungen und Vogelbeobachtungen gehören zum Programm des „Nationalpark-Teams". Besondere Angebote richten sich an Kinder, Jugendliche und Gruppen. Der Shop bietet eine Fülle an Fachliteratur, zu kaufen gibt es aber auch kleine Mitbringsel und als besondere Spezialität Sanddornmarmelade, Holunderwein, Meersalz, Tee und Honig – alles aus ökologischem Landbau und von der Küste.
Auch auf dem „Barkenpad" zwischen dem Parkplatz „Weiße Düne" und dem „Golfhotel" kann sich der Spaziergänger anhand von Informationstafeln über Landschaft, Natur und Inselgeschichte informieren. Hinweistafeln befinden sich auch in den Schutzhütten entlang den Wander- und Radfahrwegen.
Öffnungszeiten: April bis Oktober dienstags bis sonntags 9–18 Uhr; November-März 10–17 Uhr.
Kontakt: Nationalpark-Haus, Am Hafen 1, 26548 Norderney, Tel. 04932/2001. Informationen: www.nationalparkhaus-norderney.de

Schiffswrack
Viele Schiffe sind in den zurückliegenden Jahrhunderten vor der ostfriesischen Küste gestrandet oder im Sturm gesunken. Die Wracks oder die wenigen Überreste dieser Schiffe liegen auf dem Grund des Meeres. Nur die Schiffskohle, mit der die Kessel beheizt wurden oder die als Ballast mitgeführt wurde, findet sich hin und wieder im Spülsaum. Am Ostende der Insel Norderney strandete in der Nacht vom 2. auf den 3. Dezember 1967 bei Nebel der Emder Heringslogger „Ministerialdirigent Streil", Kennzeichen AE 60. Die Besatzung konnte gerettet werden. Wider Erwarten wurde das Schiff nicht von der See zerschlagen, auch war nur wenig Wasser eingedrungen. Hochwasser versetzte das Schiff von der Strandungsstelle nördlich der „Rattendüne" um mehr als einen Kilometer nach Südosten. Noch vor Weihnachten versuchte der Muschelbagger „Pionier" das Schiff freizuschaufeln, kam dann aber selber fest und wurde in den nachfolgenden Wochen höher auf den Strand getrieben. Am 2. Februar 1968 gelang es dem Borkumer Bergungsschlepper „Westerems", den zuvor abgedichteten Logger vom Strand in das Wasser zu ziehen. Wenige Tage später wurde er nach Emden geschleppt. Der Muschelbagger dagegen konnte nicht befreit werden, er wurde den Elementen überlassen.

Synagoge
Seit Bestehen des Seebades waren unter den zahlreichen Badegästen natürlich auch Juden, deren Zahl nach 1850 zunahm. Bereits in hannoverscher Zeit betrieben jüdische Händler vom Festland ihre Geschäfte auf der Insel, wenn auch zunächst nur während der Saison. Doch schon bald ließ sich ein jüdischer Schlachter auf der Insel nieder, der auch ein Restaurant führte. Andere Händler, Schlachter, Hotel- und Restaurantbesitzer folgten, blieben auf der Insel und betrieben ein Ganzjahresgeschäft. 1885 bekannten sich 31 Einwohner zum jüdischen Glauben, im Juni 1933 waren es laut Volkszählung noch 28 Personen. Die Zahl war zu gering, um eine eigene Synagogengemeinde zu bilden, deshalb gehörte Norderney der Gemeinde in Norden an. 1878 war die Synagoge in der Schmiedestraße im Beisein des preußischen Justizministers Leonhardt geweiht worden. Ihr Bau war durch einen Sondererlass Kaiser Wilhelms I. zustande gekommen. Die Synagoge war lediglich während der Saison für Gäste zugänglich, zuletzt im Frühjahr 1933. Letzter Synagogenverwalter war Julius Hoffmann, Hotelier auf Norderney (Hoffmann's Hotel Falk, Ecke Bismarck- und Roonstraße), Mitglied verschiedener Berufsverbände und ein angesehener Bürger. Norderney, Helgoland, Wyk auf Föhr, Westerland/Sylt und Heringsdorf/Usedom galten vor 1914 als „judenfreundlich". Nach 1925 änderte sich aber auch in den bislang als tolerant geltenden „Judenbädern" die Stimmung. Juden wurden zwar geduldet, aber nicht mehr geschätzt. Auf Norderney war es der Kultusminister und SA-Führer Rust, der die Norderneyer aufforderte, die Juden auszugrenzen. Obwohl die jüdischen Badegäste seit dem Sommer 1933 ausblieben, befanden sich unter den Einwohnern noch einige Juden. Es waren sieben Personen, die am 9. November 1938 von der SA aus ihren Wohnungen und Geschäften verschleppt wurden, die Nacht hinter dem Gitterzaun von Richters Hotel verbringen mussten und in beschämender Weise behandelt wurden. Zunächst wieder freigelassen, überlebten nur wenige die Vernichtungslager. An die Ereignisse der Pogromnacht erinnert eine Gedenktafel im „Haus der Insel": „Zum Gedenken an die jüdischen Mitbürger der Stadt Norderney, die durch nationalsozialistischen Terror eines gewaltsamen Todes sterben mußten oder vertrieben wurden. Den Lebenden zur Mahnung. 9.11.1988. Der Rat der Stadt Norderney."

Westfassade der ehemaligen Synagoge in der Schmiedestraße, die bis 1933 jüdischen Badegästen als Gebetsraum diente. Im Sommer 1938 wurde das Gebäude an einen Norderneyer Geschäftsmann verkauft, dem zur Auflage gemacht wurde, alle Hinweise auf einen Sakralbau zu entfernen. Heute befindet sich in dem Gebäude ein Restaurant. Eine Gedenktafel erinnert an die ursprüngliche Bedeutung.

Manfred Bätje
geb. 1952 in Zeven, war über 20 Jahre in der Meeres- und Wattenforschung tätig und kennt daher die niedersächsische Küste, Watten, Inseln und ihre Menschen. Er lebt auf Norderney und ist dort seit 1994 Stadtarchivar. Im Rahmen dieser Tätigkeit verschiedene Veröffentlichungen und Ausstellungen zur Geschichte der Insel Norderney.

Ottmar Heinze
geb. 1953 in Norden, seit 1956 wohnhaft in Hamburg. Studium der Germanistik, Geschichtswissenschaften und Pädagogik. Kameramann und freiberuflicher Fotograf mit Spezialgebiet Reisefotografie.

Bibliographische Information der Deutschen Bibliothek
Die Deutsche Bibliothek verzeichnet diese Publikation in der Deutschen Nationalbibliographie; detaillierte bibliographische Daten sind im Internet über <http://dnb.ddb.de> abrufbar.

ISBN 3-8319-0147-3

© Ellert & Richter Verlag GmbH,
Hamburg 2004

Dieses Werk einschließlich aller seiner Teile ist urheberrechtlich geschützt. Jede Verwertung außerhalb der engen Grenzen des Urheberrechtsgesetzes ist ohne Zustimmung des Verlages unzulässig und strafbar. Dies gilt insbesondere für Vervielfältigungen, Übersetzungen, Mikroverfilmungen und die Einspeicherung und Verarbeitung in elektronischen Systemen.

Text und Bildlegenden:
Manfred Bätje, Norderney
Fotos:
Ottmar Heinze, Hamburg
Historische Abbildungen:
Stadtarchiv Norderney
Gestaltung:
Büro Brückner + Partner, Bremen
Lithographie:
Offset Repro im Centrum ORC, Hamburg
Druck:
klr mediapartner GmbH & Co. KG, Lengerich
Bindung:
S. R. Büge GmbH, Celle

Literatur

Anonymus: Seebad auf der Insel Norderney in Ostfriesland, in: Westphälischer Anzeiger, Nr. 5 vom 1. Mai 1801.

Bätje, Manfred: Die erste Badesaison auf Norderney. Daten und Dokumente zur Gründung des Seebades Norderney. Materialien aus dem Stadtarchiv Norderney, Nr. 3. Hrsg. von der Stadt Norderney 1996.

Bätje, Manfred: 1998 – 600 Jahre Norderney, 50 Jahre Stadtrechte. Materialien aus dem Stadtarchiv Norderney, Nr. 5. Hrsg. von der Stadt Norderney 1998.

Bätje, Manfred: Reichskanzler Bernhard von Bülow auf Norderney (1900–1914). Norderneyer Archiv, Materialien aus dem Stadtarchiv Norderney, Nr. 6. Hrsg. von der Stadt Norderney 2001.

Bätje, Manfred: Vom Fels zum Meer. Kaiser-Wilhelm-Denkmal auf Norderney. Archiv-Journal, Extraausgabe. Herausgegeben von der Stadt Norderney 2002.

Berthold, Theodor: Lose Blätter aus dem Münsterlande und von der Nordsee. Einsiedeln/New York 1885.

Boden, Rudolf: Berühmte Gäste Norderneys. Norden 1950.

Braams, Hermann (Hrsg.): Die Nordsee. Meerdichtungen von Heinrich Heine. Norden 1893.

Flügge, M.: Verhaltensregeln beim Gebrauche der Seebäder, insbesondere für die Badegäste auf der Insel Norderney. Norden 1879.

Halem, Friedrich Wilhelm von: Ueber die Seebade-Anstalt auf der Ostfriesischen Insel Norderney. Aurich 1801.

Halem, Friedrich Wilhelm von: Beschreibung der zum Fürstenthum Ostfriesland gehörigen Insel Norderney, und ihrer Seebade-Anstalten. Bremen 1815.

Halem, Friedrich Wilhelm von: Die Insel Norderney und ihr Seebad, nach dem gegenwärtigen Standpuncte. Hannover 1822.

Jaspers, Karl: Ein Selbstportrait, in: Ders., Schicksal und Wille. Autobiografische Schriften, Hans Saner (Hrsg.), München 1967.

Kampfer, Georg: Der Untergang der Excelsior. Chronik einer ostfriesischen Tragödie. Norderney 1999.

Lammers, A.: Seebad Norderney, in: Nordwestliche Wochenschrift für das öffentliche Leben des nordwestlichen Deutschland, 1878, S. 292–293.

Menger, Wolfgang: Klimatherapie an Nord- und Ostsee. Jena 1997.

Mühry, Carl: Über das Seebaden und das Norderneyer Seebad. Hannover 1836.

Niedersächsisches Staatsbad Norderney (Hrsg.): Norderney. Chronik einer Insel. Norderney 1997.

Reins, Carl Gerhard: Die Insel Nordernei nach ihrem früheren und ihrem gegenwärtigen Zustande. Hannover 1853.

Schulz, Karl: Ein Kulturgemälde von Norderney um 1813. Zeitung für die elegante Welt, Leipzig 1817. Neu abgedruckt in: Heimatverein Norderney (Hrsg.), „Die Badereise nach Norderney“. Norderneyer Schriften, Heft 2, 1996.

Willkomm, Ernst: Wanderungen an der Nord- und Ostsee. Leipzig 1850.